FOR2

FOR pleasure FOR life

讓我們勇敢夢想

疫 情 危 機 中 創 造 美 好 未 來

教宗方濟各（Pope Francis）與
奧斯丁・艾夫賴格（Austen Ivereigh）對話

鄭煥昇 譯

Let Us Dream
The Path to a Better Future

目次

【作者介紹】

豪爾赫・馬里奧・伯格里奧（Jorge Mario Bergoglio）

一九三六年十二月十七日生於阿根廷首都布宜諾斯艾利斯的義大利移民家庭。一九六九年晉鐸為耶穌會神父，一九九二年獲得主教任命。一九九八年成為布宜諾斯艾利斯總主教，並於二〇〇一年晉昇為樞機主教。二〇一三年三月獲選為羅馬主教，接任天主教會第二百六十六任教宗。

奧斯丁・艾夫賴格（Austen Ivereigh）

英國作家、記者，著有兩本教宗方濟各的傳記，包括《偉大的改革者：方濟各與激進教宗的成長歷程》（*The Great Reformer : Francis and the Making of a Radical Pope*, 2014）及《受傷的牧者：教宗方濟各轉化天主教會的奮鬥》（*Wounded Shepherd : Pope Francis and His Struggle to Convert the Catholic Church*, 2019）。他也是牛津大學康平學堂（Campion Hall）現代教會歷史研究員。

【編輯說明】

本書中《聖經》人物、文獻等相關稱謂及用詞，統一採行天主教習慣譯法。

自序

我眼中看到的，是個清算的時代。我想起了〈路加福音〉二十二章三十一節[1]中，耶穌曾告訴伯多祿說撒殫想讓他像麥子一樣被篩選出來。進入當下的危機正如被撒殫篩選而得著。你的思想分類與方式，遭到了激盪；你處事的優先順序與生活方式，受到了挑戰。你情願也好、不情願也罷地跨越了一道門檻，只因為有些危機——比如我們眼前所共同經歷的這一個——是你所無法閃避。

1 31西滿，西滿，看，撒殫求得了許可，要篩你們像篩麥子一樣。（《聖經》原文引用自《思高繁體聖經》，下同，若非思高版《聖經》經文會另行標註。）〔本書隨頁註釋除每則前方標示為作者註之外，皆為譯者註〕

問題在於這危機你挺不挺得過去，又該如何挺過去。關於危機的一個定律是你會因而變成一個不一樣的人。真若挺了過去，你會出落得比之前好，或是比之前差，但就是回不到危機前的模樣了。

這個時代正考驗著我們。《聖經》裡談到這種考驗，用上的比喻是從火中穿越，就好似窯火在測試著陶工的手藝（〈德訓篇〉二十七章五節[2]）。事實是我們每個人活著，都日復一日在接受著考驗。正因為有考驗，我們才能成長。

通過生命的各種考驗，你會顯露出自己的本心：那顆心有多麼堅實，有多麼悲憫，有多大，或是有多小。尋常的平日就像正式的應酬：你一秒鐘也不用袒露自己。你微笑、你客套，你誰也不得罪地全身而退，你不用讓人知道你真正是誰。但一旦遇上真正的危機，情勢就會逆轉。你必須有所抉擇，而這一抉擇，你懷的是什麼心也就明明白白。

想想歷史，我們會明白一旦受到測試，人心就會意識到一路以來是什麼在壓抑著它們。人心也會感受到天主的存在，而忠實的天主會回應祂子民的呼喊。接續的遭遇會讓新的未來得以開展。

想想我們在COVID-19危機中所目睹的狀況。那一名名烈士：捨命為有需要者服務的男男女女。想想醫療人員、醫師、護理師與各種照護者，乃至於駐在各單位中，選擇對陷於痛苦者不離不棄的一位位司鐸。在做好必要的防護措施後，他們努力為人提供著支持與慰藉。他們見證了何謂人與人的沒有距離、何謂人與人相互的溫柔以待。許多人令人遺憾地殉難了。為了榮耀他們所見證的一切，也不辜負許多人歷經的苦難，我們必須走在他們為我們照亮的路徑上，打造出明天。

但我們——我必須懷著痛苦與羞恥這麼說——也不能忘了那些放高利貸的，那些專門在發薪日趁人之危的生意人，他們總是在人最無助的時候上門。他們伸出手不是要拉人一把，而是要把錢借給那些永遠還不上的人，讓向他們借了錢的人永遠陷於債務的火坑中。這些高利貸業者是靠著別人的苦難發財。

2　5篩篩子，總留下一些渣滓；人的言談，也總有一些不乾不淨。

在危機的試煉中，你會見識到善惡的並立：人心的良窳一覽無遺。有人為了服務有需要的人而不遺餘力，也有人趁著別人有求於己而大撈一筆。有人會——以新意與創意克服不能出門的局限——對人伸出雙手；也有人撤退到防禦的盔甲之後。我們的心是什麼狀態，終究無法隱瞞。

除了特定的個體，受到檢驗的還有一個個的國家與民族。想想那些必須在疫情中有所取捨的政府。試問孰重孰輕：照顧好百姓，還是讓金融體系正常運行？我們應該要以民眾的健康為重，還是要犧牲他們來拯救股票市場？即便知道那會衝擊許多人的生計，我們是否仍要為了拯救人命而讓創造財富的機器暫停？某些政府選擇了優先保護經濟，因為他們或許並不了解這場疫病的嚴重性，抑或他們並沒有那樣的餘裕。這些政府無異於典當了自己的人民。這些選擇測試了他們處事的優先順序，也揭露了他們的價值。

凡遇危機，我們總是會有股衝動想要鳴金收兵。當然有些時候，我們確實得戰略性地撤退來保留主力——一如《聖經》中曾有言：「以色列！回到你的帳幕去罷！」（〈列王紀上〉十二章十六節[3]）——但在某些情境下，這麼做既不正當也不人道。耶穌在其知名的撒馬利亞善人寓言[4]中，就已經把這話說得很明白了。當故事中的牧師與利未人拋下了遭盜賊毆打而流著血的男人時，他們的作為屬於一種「功能性」的撤退。我這麼說，意思是他們見死不救的用心是想要保護自身的立場——他們的角色、他們的現狀——那就是在面對危機的測試時，他們做出的抉擇。

身處於危機中，我們這種現實的功能主義思想會受到震盪而鬆動；我們必須要針對自身的角色與習慣進行修正與調整，方可從危機中蛻變成更好的人。沒有例外，危機需要我們全心投入去面對；撤退不可能，躲回舊有的作法與角色也不

---

3 3全以色列人見君王不肯依從他們，便回覆君王說：「我們與達味有什麼分子？我們與葉瑟的兒子毫無關係！以色列！回到你的帳幕去罷！達味啊！現在你只顧你的本家罷！」以色列人於是都回了自己的帳幕。

4 The Parable of the Good Samartitan，典出〈路加福音〉十章二十五到三十七節。

可能。想想撒馬利亞的善人是怎麼做的：他暫停旅途，下了馬，採取行動，進入了傷者的世界，投身於現場，設身處地體會了他人的苦難，並由此創造出一個嶄新的未來。

要在危機中像個撒馬利亞人一樣動起來，代表我們要懷抱著苦難將改變我們的覺悟，讓自己與眼前看到的一切硬碰硬。身為基督徒的我們談到這一點，會說這叫「扛起十字架、擁抱十字架」。懷著將有新生在等著我們的信心擁抱十字架，會讓我們獲致勇氣去停止哀嘆，去邁開腳步，去服務他人，去營造改變，那只能從悲憫與奉獻中生出的改變。

有些人面對危機帶來的苦難會肩頭一聳，不把那當回事。他們會說：「天主創世就是這麼回事，沒什麼好大驚小怪的。」但這種反應其實誤解了天主造物是一個靜態的結果，因為創世是一個動態的過程。這個世界從過去到現在，始終都處於創造的進行式。保祿在〈羅馬書〉八章二十二節[5]裡說，天主所造的萬物直到今時，都還為著誕生的痛楚在呻吟。天主想要與我們一同催生出這個世界，讓我們做祂造物的夥伴，而這想望並不曾中斷。祂從最初始就邀請了我們，加入祂的行動，不分太平歲月或危機時分——沒有一刻例外。天主可沒有把這天地包裝彌封好，交到我們手上說：「喏，世界在這，拿去吧。」

在〈創世紀〉的敘述中，天主令亞當與夏娃生養眾多。人類有上帝的授權去改變、去建立、去主掌創造的過程，祂要我們積極地以萬物為材料，與萬物並肩去從事創造。所以將來會如何並不繫於某種虛無飄渺、肉眼看不見的機制；在前方等著我們的，也不是一個人類只能袖手旁觀、任其擺布的未來。不：我們是世界的主人翁——又或者容我口氣大一點——我們是世界的共同創造者。當天主說要我們生養眾多、去主掌地面時，祂內心的潛台詞是：去創造屬於你們的未來吧。

在這場危機的洗禮中，我們可以超越自我也可以選擇墮落。我們可以被滑坡

---

5 22因為我們知道，直到如今，一切受造之物都一同嘆息，同受產痛。

帶著倒退，也可以選擇去創新。眼前我們需要的，是一個改變的機會，是要去創造出空間來容納我們所需的嶄新事物。這就像天主在對依撒意亞說：來，讓我們促膝長談。你們若願意聆聽，我們就會擁有一個美好的未來。若你們裝聾作啞拒絕傾聽，那下場就是遭劍刃吞噬（〈依撒意亞書〉一章十八到二十節[6]）。

如今張牙舞爪要吞噬我們的劍刃，可不在少數。

COVID-19的危機看似是個影響遍及全人類的特例，但其實這場疫情唯一的特別處，只在於其全球性的知名度。事實上，放眼全世界，起碼還有上千種危機的殺傷力不比COVID-19低，只不過天高皇帝遠，足以讓我們某些人對其視而不見。我們信手便可拈來的例子有散落在世界各地的戰火，有軍武的生產與貿易，有數十萬被貧窮、飢餓與絕望逼得離鄉背井的難民，有氣候變遷。這些悲劇看似遠在天邊，主要原因是，很遺憾地，每天打開電視，新聞並沒有盡職地推著我們去關心，去體會到事情的嚴重性。但其實一如COVID-19疫情，這些相對不為人知的危機也同樣影響著人類整體。

數字會說話。看一眼國家花在買武器的預算，你一定會膽寒。再看一眼聯合國兒童基金會（UNICEF）統計中，欠缺就學機會的孩子有多少，飢腸轆轆睡去的孩子又有多少，你將駭然發現是誰在承受軍武支出的排擠效應。光是今年（二〇二〇）頭四個月，全球就有三百七十萬人餓死，而你知道直接死於戰爭的人數有多少嗎？所以，說軍武支出是人類的殺手，一點也不為過。這也是一種非常嚴重的「冠狀病毒」，而大家之所以絕口不提，只是因為其受害者不存在我們的視野之內。

同樣很多人眼不見為淨的，還有地球自然界所遭受的毀滅。我們不覺得大自然的滅亡會影響我們，是因為事情發生在遠方。但只要哪天我們突然看見了，我們就會懂了：隨著船隻第一次能夠穿越北極海，我們也會意識到那看似遙遠的洪

6 18現在你們來，讓我們互相辯論——上主說：你們的罪雖似朱紅，將變成雪一樣的潔白；雖紅得發紫，仍能變成羊毛一樣的皎潔。19假使你們樂意服從，你們將享用地上的美物；20假使你們拒絕反抗，你們將為刀劍所吞滅。」這是上主親口說的。

水與森林火災，其實都是誰也無法置身事外的環境危機的一環。

看看此時的我們：我們戴著口罩保護自己與旁人不受看不見的病毒威脅。但我們需要防範的無形病毒，恐怕遠遠不只這一樣吧，不是嗎？我們該如何去因應世上各式各樣，暗地在傷害著我們的飢餓、暴力、氣候變遷等疫情呢？

若想在危機後變得比危機前無私無我一點，我們就得讓他人的痛苦觸碰到自己。德國詩人費德列許・賀德林（Friedrich Hölderlin）在其小說《海柏里昂》（*Hyperion*）裡有一句話，讓我很有感。那句話說的是在危機中威脅我們的危險，從來不是滴水不漏，出路永遠有。「哪裡有危險在場，哪裡就有救贖的力量在茁壯[7]。」這一點，就是人類史話令人嘆為觀止之處：我們總是能想辦法與毀滅擦肩而過。人類需要採取行動，也就是在那些節骨眼上，在我們被威脅包圍之時；出路的大門，也就是在這個瞬間敞開。在人生中不同的時間點上，賀德林這句話始終陪伴在我身旁。

這是個夢想要大的時刻，是個我們要重新思考輕重緩急——我們的價值觀、我們想要什麼、我們尋求什麼——然後在日常中去實踐夢想的時刻。此刻的我所聽到的東西，就像是依撒意亞聽到天主透過他所說出的話語：來，讓我們促膝長談，讓我們在夢想的面前勇敢。

天主要我們敢於去創新。我們不能因為膽怯而躲回危機前政經體系的懷抱裡尋求虛妄的安全感。我們需要一種讓所有人都分享到創新的成果，讓所有人的基本生活所需無虞，讓土地權、居住權與勞動權不專屬於少數人的經濟體。我們需要一種能讓窮苦者、邊緣人、弱勢者都獲得接納，一種能與這些人對話，一種讓人能對會影響自身生活的決定有置喙空間的政治體系。我們需要放慢腳步，盤點過往，為如何共同在這顆地球上過日子提出各種更佳的設計。

這是我們所有人的共同任務，沒有人可以置身事外。但格外需要有所自覺的，是那些內心總是靜不下來的一群，那些曾經用健康的內心躁動，催促著全人

7 【作者註】Friedrich Hölderlin. *Sämtliche Werke*, Stuttgarter Ausgabe, Vol. 2, Parte 1, S. 165. (Stuttgart, 1951)

類與之共同前進的一群。如今比起歷史上任何一個時刻，我們都更加可以看清的一點是，讓個人主義擔綱社會組成的指導原則。既然如此，該取代個人主義的是什麼新原則呢？

我們需要動員一群人，一群知道我們需要彼此，且對旁人與對世界都懷抱著責任感的人。我們需要昭告天下，讓大家知道心懷善念、信仰與為了公益而努力，是需要集勇氣與毅力方能達成的鴻鵠之志；相對之下，膚淺表面的夸夸其言與對倫理道德的嘲弄戲謔，對我們來說一文不值。我們所處的這個現代，曾經在平等與自由的發展上展現了深刻的決心，而接下來我們需要的，是用同樣的動力與韌性去專注在四海之內皆兄弟（姊妹）的人類情誼，去迎戰前方的挑戰。這樣一顆不分你我的心，自然能讓自由與平等在這首博愛的交響曲中，找到它們該有的一席之地。

身陷這場危機的千百萬人都曾經捫心自問或彼此互問一個問題，大家都想知道天主在哪裡。浮現在我腦海裡的意象是溢流。我想到的是大江大河緩緩地湧漲，緩和到你幾乎不知不覺，但當時候一到，江水就會找到缺口而成破堤之勢。在這個社會上，天主的恩慈也會在其「溢流的瞬間」一湧而出，撼動我們原本的角色設定與思考模式，讓我們突破使許多人發揮不了全副潛能的束縛。在這場危機所揭露的苦難之中，也在許許多多人做出回應的創意中，我們就能找到天主恩典的溢流之處。

我看著這股溢流帶著天主的恩典，流淌在我們之間，讓人心接受了考驗。這場危機為某些人喚出了全新的勇氣與悲憫。有些人被篩子篩出來，而他們做出的回應是對這個世界進行了全新的想像；還有些人用具體的行動救援了需要幫助的人，讓鄰人的苦難得到了翻轉。

這讓我對我們可以在這場危機後出落成更好的人，滿懷著希望。但在那之前，我們必須清楚地去看見，睿智地去揀選，正確地去實踐。

就讓我們來聊聊，該怎麼做吧。就讓天主用祂給依撒意亞的字句對我們說話吧：讓我們促膝長談。讓我們在夢想面前勇敢。

第一部

去看見

在由劇變與危機所組成的這過去一年中，我的理智與內心滿溢著許多人：我放在心上與為他們禱告的人，甚至是我偶爾會與他們共掬一把眼淚的人：有名有姓的人，臉孔在我心裡清清楚楚的人，沒有好好說再見就拋下所愛親友的人，因為失業而陷入困頓、甚至於飢餓的家庭。

偶爾把思考放大到全球的範圍，無力感就會不自覺地上身：衝突在那麼多地方綿延不絕，苦難與得不到滿足的人道需求也那麼多。為了不洩氣，我推薦大家放下虛無飄渺的想像，把目光聚焦在具體的狀況上：這麼一來，你會看見現實中的一張張臉孔，不分民族，在尋求著生命與關愛。你會看到希望寫在每一個國家的故事裡，光耀無比，因為那一個個都是犧牲的故事、都是日復一日在努力求生的故事、都是生活在自我犧牲中被攪亂的故事。於是你便不會再被震懾住而失去行動力，因為這些故事會拉著你去深思，去以希望回應。

想要看到世界的真貌，你就要前往人類存在的邊緣。我從來都相信站在邊緣，更能看清這個世界，只不過在擔任教宗一職的這七年當中，這個信念更進一步打入了我的內心。想要找到新的未來，你就必須朝著邊境而去。天主打算要重新創造生命時，祂也選擇了要前往邊緣——去到一個個罪惡與悲慘之地，一個個棄絕與苦難之地，還有一個個疾病與孤寂之地——因為這些地方也充滿了機會：罪愈增多，神的恩典也更加豐富（〈羅馬書〉五章二十節[1]）。

但你不能只是去到抽象的、想像中的邊境。我常想起那些受到迫害的民族：緬甸的羅興亞人、可憐的維吾爾族人、亞茲迪人[2]——伊斯蘭國對他們所行之事實在慘無人道——或是在埃及與巴基斯坦的教堂中禱告到一半，竟橫死於爆炸攻擊的基督徒。其中我格外關切的羅興亞人，是現今地表上被迫害得最嚴重的一群人；在能力範圍內，我嘗試著與他們同在。他們暨不是天主教徒，也不是基督教徒，但他們仍舊是我們的兄弟姊妹，仍舊是一群被四方踢來踢去而求助無門之徒，

1　20法律本是後加的，是為增多過犯；但是罪惡在那裡愈多，恩寵在那裡也愈格外豐富。

2　亞茲迪人為信仰亞茲丹（Yezdan）神的一神教民族，全球大約有一百五十萬人。二〇一四年起在伊拉克境內遭到恐怖組織伊斯蘭國（ＩＳＩＳ）進行有計畫的種族滅絕與宗教迫害。

人。此刻在孟加拉，成千上萬的羅興亞人正困於遭COVID-19肆虐的難民營中。各位可以想像一下病毒襲擊難民營，會是如何一幅景象。那是呼救聲直沖天際的一種不公不義。

二〇一七年，我在達卡[3]結識了羅興亞人：他們是一群善良的人，一群想要工作養家卻不可得的普通人，也是一整群被逼到牆角而無以逃脫的人口。格外讓我感動的是孟加拉人對他們所展現的人飢己飢的溫情。那裡是個貧困而食指浩繁的地帶，但在地的孟加拉人還是對六十萬羅興亞人敞開了大門。當時的孟加拉總理告訴我說孟加拉人一天跳過一餐，好讓羅興亞人也稍微有得吃。去年在阿布達比（阿拉伯聯合大公國的其中一個酋長國）獲頒了一個獎項，並領到了為數不少的獎金後，我便直接將錢轉給了羅興亞人：這代表著在中東的穆斯林並沒有忘記同是穆斯林的羅興亞人。

像這樣腳踏實地去到世界的邊緣，可以讓你觸碰到苦難中民族的需求，更可以讓形成中的潛在同盟獲得你的支持與鼓勵。抽象的空想會讓人癱瘓，專注在具體的行動上則能開啟各種可能的路徑。

這種助人的主題，一直是我過去數月來念茲在茲的事情。在疫情造成的封城期間，我經常為了那些奮不顧身，千方百計也要拯救生命的人們禱告。我說奮不顧身，並不是說他們單憑一股愚勇而漫不經心；他們並非一心求死，也窮盡了一切努力要避免意外，只是保護措施的資源不足讓他們不時得賭一把。他們並非不怕死，但也絕不會為了貪生而不去救人。就這樣，許許多多的護理師、醫師與照護者，為他們的大愛付出了代價，一如神父與許多以服侍天主為職志的神職者與一般人。我們只能以哀悼與榮耀來回報他們的義行。

不論這些醫護人員有沒有意識到，他們的選擇都證實了一宗信念：為了服務眾人而捨生取義，遠勝苟且偷生。這就是何以在許多國家，許許多多人會心懷感激與景仰之情，駐足在窗邊與門口為這些醫護人員鼓掌喝采。身為與我們比鄰而

3　Dhaka，孟加拉首都。

居的聖者，他們喚醒了蟄伏於我們心中的善念，也再次為我們在布道中想要傳遞的信念表現了讓人不得不信服的實踐。

如果無動於衷或漠不關心是一種病毒，那這些醫護義人就是強大的抗體。他們以行動提醒了我們生命是一份贈禮，而只有付出能夠讓我們有所成長，為此我們應該要投身於服務中，而不該只想著怎麼顧全自己。

在物質更加富裕的現代社會中，占據主流的想法是個人主義，是自私自利，是團結之心的亡佚，但醫護的義行為此做出了強力的反擊！已不幸離我們而去的這群照護者，是否在用他們的生命點明我們由此而去、必須重建的路徑呢？

我們身為由天父以愛造物時所創、祂所鍾愛的生命，生於一個早我們存在許久的世界中。我們屬於天主，也屬於彼此，更是萬物的一環。只要內心把握了這種認知，我們就會自然而然湧出對彼此的愛。這種愛不用爭取也無從收買，只因為我們自身與我們擁有的一切，就是天主一種無償的饋贈。

我們是從何時開始，有了不同的想法？我們對萬物的珍稀與人類的嬌貴視而不見，是從何時開始的呢？我們怎麼會把天主對我們與我們對彼此的饋贈，都拋諸腦後了呢？若非如此，我們生活的這個世界怎麼會變成一個大自然快要喘不過氣的地方？怎麼會變成一個病毒如野火燎原而讓社會崩解的地方？怎麼會變成令人心碎的窮困與超乎想像的富裕並存的世界？又怎麼會變成有整個民族如羅興亞人，被打發到垃圾堆裡的地方？

我相信把我們洗了腦的，是人能夠自給自足的迷思。那股迷思就像在跟我們咬耳朵說：地球存在就是要被掠奪，別人的存在就是為了滿足我們的需求；那道細語就是在說：我們掙得什麼跟欠缺什麼都是命中註定，就是在說，發財是我有本事得到的獎賞，即便那代表別人得陷入貧窮的命運也無妨。

但也就是在這些瞬間，我們才會感覺到靠一己之力無法掙脫，極端的無力感，才會幡然醒悟，才會看清我們所深陷其中的文化是何等自私，又是何等妨礙了我們去成為一個至善至美之人。只要懂得在這些瞬間有所懺悔，懂得回眸看一眼我們的造物主，也看一眼彼此，我們就有機會想起天主預放在我們心中的真實：我們屬於天主，也屬於彼此。

或許是我們已經利用封城期間，尋回了一些痛失於心中的手足之情吧，所以不少人已經開始迫不及待地期待起一個脫胎換骨的世界，一個能夠反映心中那個真實的未來。

我們忽視了，也辜負了我們與造物主、與萬物、與同為天主所造之人類的關係。但好消息是方舟正蓄勢待發地要載我們航向新的明日。COVID-19的爆發是於我們有如「諾亞現身」一般的契機，前提是我們得沿路回到那艘代表著我們之間的牽絆，代表著愛，也代表著我們共同歸屬的方舟。

〈創世紀〉中關於諾亞的故事，講的不光是天主如何提供我們一條從毀滅中脫身的路徑，因為故事後半講的是我們倖存之後該做些什麼。人類社會的新生，意味著我們要恢復對各種局限的尊重，要收斂對財富與權勢的莽撞追求，要騰出手來照顧世間的窮人與邊緣人。安息日[4]與禧年[5]等傳統的創建——作為恢復與彌補、作為勾銷債務與重建人際關係的機會——正是這種新生的關鍵。這些傳統的設置讓地球有窗口去反彈，讓窮人有時間找到希望，讓人有機會找回自己的靈魂。

4 Sabbath。安息日典出《聖經》〈創世紀〉二章一至三節：1這樣，天地和天地間的一切點綴都完成了。2到第七天天主造物的工程已完成，就在第七天休息，停止了所做的一切工程。3天主祝福了第七天，定為聖日，因為這一天，天主停止了他所行的一切創造工作。《聖經》中說神用了六日的時間造成萬物，因此明定「第七日」為「安息日」，「聖日」，是被「賜福」的日子。《聖經》〈申命記〉九章十二到十六節中也說：12當照上主，你的天主吩咐的，遵守安息日，奉為聖日。13六天你當勞作，做你一切工作；14第七天是上主你天主的安息日，你和你的子女、僕婢、牛驢、你所有的牲畜，以及住在你城內的外方人，都不應做任何工作，好使你的僕婢能如你一樣獲得安息。15你應記得：你在埃及地也曾做過奴隸，上主你的天主以大能的手和伸展的臂，將你從那裡領出來；為此，上主你的天主吩咐你守安息日。16應照上主你的天主吩咐你的，孝敬你的父母，好使你能享高壽，並在上主你的天主賜給你的土地內，獲享幸福。

5 Jubilee。禧年又稱為聖年，是基督教的特別年份，世人的罪在這個年份中會得到寬恕。根據《舊約聖經》記載是猶太人建立了禧年的傳統，後被基督教會沿襲。在天主教中，禧年的到來由教宗宣布。目前天主教會固定每二十五年舉行一次，教宗也可以自行指定某年份為禧年。最近一次的禧年是由教宗方濟各宣布在二〇一六年的慈悲特殊禧年；最近一次的普通禧年，則是教宗若望保祿二世於二〇〇〇年舉行的大禧年。

那，正是我們此刻能觸及的恩典，正是我們在現時的磨難中瞥見的光線，且讓我們不要平白任其消失不見。

有時想起眼前的挑戰，我會覺得有點天旋地轉。但我從不無助，我們也並不孤獨。沒錯，我們被篩了出來要面對這一切，那確實很痛苦；我們不少人都會因此感覺到無力，甚至恐懼。但危機之中，也存在我們蛻變得更好的轉機。

天主對我們今日的要求，是想看到我們展現一種服務的文化，而不是一種將弱者拋棄的文化。但想要服務別人，我們首先就得讓別人的現實對我們說話。

想達到那個境界，你必須要睜開雙眼，讓你周遭的苦難觸碰到你，以便你能聽到天主之靈從人間的邊緣對你說話。這就是為什麼我必須要警告大家有三樣逃避現實的作法會在阻斷我們的成長、阻斷我們與現實的連接、尤其是阻斷我們與聖靈行動的連結之餘，造成災難性的後果。我想到的是自戀、氣餒與悲觀。

自戀會讓人顧影自憐，會讓人自我中心到眼裡只有自己。你最終會愛上你創造出的自我形象，進而沉溺在想像的池水裡。這麼一來，好消息只要對你個人而言無利可圖，就談不上是好消息；反之任何事情只要苦主是你，那自然是壞事。

氣餒會讓你唉聲嘆氣，會讓你只曉得抱怨一切，以至於你眼裡再也見不到身邊有些什麼，旁人又能提供你什麼，因為你滿腦子都只剩下自己失去了什麼。氣餒會為你的精神生活帶來哀戚，而哀戚是一種會啃噬你內在的蛀蟲。最終這哀戚會直搗你內心，讓被蒙蔽的你再也看不到自身以外的任何東西。

再來是悲觀。悲觀就像一道鎖把人的未來鎖上，也順便把未來的所有可能性關在了門外；悲觀的人不願把門打開，就是怕新鮮的事物有朝一日會出現在家門口。

這三種逃避現實的方式，會阻擋你、癱瘓你，讓你專注於各種能拖住你前行步伐的事物。最終它們的共通點是讓人寧取那掩蓋了現實的幻覺，也不願意去面對我們有機會達成的一切。它們就像塞倫女妖的歌聲一樣，會讓你控制不住宛若陌生人的自己。要對抗這三合一的敵人，你只能下定決心去採取各種不用大、但必須要具體而積極正向的行動，這包括你可以去散播希望的種子，也可以去為了公益奮鬥。

關於當下我們正身處的危機，我的一個希望是我們可以回歸與現實的聯繫。我們必須要從虛擬回歸到真實，從抽象回歸到具體，從修飾用的形容詞回歸到有具體指涉的名詞。世上有那麼多真實、「有血有肉」的兄弟姊妹，每一個都是有名有姓而且長相各異的個體，而我們之所以對他們遭受的剝削視而不見、充耳不聞、就像沒這回事似的，都是因為我們太專注於自己。但如今這些蒙蔽人視野的屏障已經開始崩落，我們也總算有了機會可以重新睜開雙眼看見。

這場危機讓我們看清了人類的棄弱文化。像防疫措施就暴露出我們有多少兄弟姊妹欠缺足以符合社交距離要求的住處，與盥洗所需的乾淨水源。試想有多少家庭在世界各地的城市裡過著一層層往上加蓋的違章生活，在阿根廷我們稱這種居住形態是「悲慘的別墅」（*villa miseria*），也就是貧民窟或棚戶區的意思。想想在移民收容中心或難民營裡有多少人一住就是好多年，仍找不到其他的容身之地，只能繼續跟同病相憐者擠在那裡。試想他們如何被否決了基本的人權：衛生、餐食、尊嚴；想想他們追求幸福的夢想，是如何在宛若刑求室的難民營中被埋葬。

疫情期間我跟棚屋區的神父對話，我問他們：棚屋區的家庭要如何保持防疫所需的社交距離？他們如何在沒有乾淨水源的環境中遵守健康規定？由危機揭露出的不公不義，該由我們以何種方式去處理？

COVID-19的疫情要是在難民營裡爆發，那後果真是不堪設想。由此我想起了我二〇一六年偕同兩位兄弟——巴爾多祿茂一世與總主教耶羅納摩斯二世——共同走訪過，在勒斯博島（Lesbos；愛琴海上的希臘第三大島）上的多處難民營，也想起了我看過難民在利比亞遭到剝削的紀錄片[6]。你不禁會想問一聲：這究竟是一種COVID-19引起的亂象，還是COVID-19讓我們看見的亂象？這究竟

6【作者註】二〇一六年四月，教宗方濟各在兩名正教會領袖的陪同下，走訪了勒斯博島，他們分別是君士坦丁堡普世牧首巴爾多祿茂一世（His Holiness Bartholomew, Ecumenical Patriarch of Constantinople）與雅典暨全希臘總主教耶羅納摩斯二世（His Beatitude Ieronymos, Archbishop of Athens and of All Greece）。希臘行結束後，教宗帶著十二名穆斯林難民回到了羅馬。

只是一場單純的疫情加上經濟崩潰，還是我們也應該趁此機會睜開雙眼，就像我們也曾如此看盡人類百態？

看一眼聯合國統計數據裡那些失學的非洲兒童，那些在捱餓的葉門孩子，還有多不勝數堪稱悲劇的案例。只要看一眼那些孩子，我們就該心裡有數，就該明瞭被疫情硬是半路攔下的我們，必須要利用這段時間去思考這一切。而讓我憂心忡忡的是疫情還沒結束，已經有計畫在鴨子划水地要把世界回復到肺炎之前的社經結構，就像什麼悲劇都沒發生過一樣。

我們必須想辦法來讓被棄於一旁的人動起來，讓他們成為嶄新未來的急先鋒。我們必須把人拉進共同的計畫中，讓最終的受益者不會僅僅是一小群統治者與決策階層。我們必須改變社會本身的運作方式，使其在COVID-19過後煥然一新。

當我說起改變，我並不是光指我們必須要把這個或那個族群的人照顧得更好一些，我的意思是那些如今處於邊緣的人要成為社會改革的主角。

那才是我的心聲。

然後我們來思考一下改革的一大阻礙，也就是讓我們帶著戒心只看到自己想看的，那種存在主義式的短視近利。存在即是合理的這種短視有一個永恆的核心，那就是死抓著某樣我們不敢放手的東西。COVID-19揭開了另外一種疫病的面具，那是種起源於冷漠病毒的流行病，而造就冷漠的，是因為我們有種積習是不斷撇過頭去，不斷洗腦自己既然眼前沒有可以立刻見效的解決之道，那我們不如裝作什麼都感覺不到。

窮人拉匝祿在〈路加福音〉裡的故事，就看得到這樣的情節。故事裡有個富人是拉匝祿的鄰居，而他完全認得拉匝祿——包括拉匝祿的名字他都叫得出來。但即便如此，他並不關心拉匝祿的死活。對富人來說，拉匝祿的厄運是他命不好，不干別人的事。富人多半每回在門口遇到拉匝祿，都會說一聲「可憐蟲！」，然後隔著名為冷漠的深淵瞄他一眼。他知道拉匝祿過的是什麼樣的日子，但堅持不讓這影響到自己的心情。就像這樣，我們的內心會一分為二，一邊是我們感覺到的事不關己，另外一邊則是我們其他的思緒。這就是何以許多人會沒辦法用同理心去判斷事情，更做不到設身處地。

我在羅馬參觀過一場攝影展，其中一張展出的照片標題簡單明瞭，就叫：冷漠。照片裡有位貴婦正於冬日走出一間餐廳，全身裹著禦寒的衣物：皮大衣、帽子、手套，乃至於各種有錢人所費不貲的行頭。餐廳門口有名女性坐在裝貨的木板箱上，衣著頗為單薄地在街上顫抖，還舉著一隻往貴婦方向伸過去，卻遭到對方撇過頭去無視的手。那照片觸動了很多人。

在義大利這裡，你會經常在向人求助時聽到一句話：che me ne frega，大致的意思是：那又怎樣？關我什麼事？在阿根廷，我們則會說：y a mí qué? 也是一樣的意思。這雖然是短短幾個字，卻反映了一種心態。有些義大利人宣稱人活著需要一種劑量適量而健康的 menefreghismo ——「那又怎樣」主義——日子才過得下去，因為如果看到的事情都要往心裡去，那你豈不是永遠也無法放鬆？這種態度，最後會演變成一副靈魂的盔甲；而那，就代表冷漠已經讓人刀槍不入，特定的事情打過來只會自動彈開。這種冷漠的一個危險在於它會變成一種常態，會悄然無聲地浸入我們的生活方式與價值判斷。無動於衷，可不是我們該習以為常的事情。

天主有著與此南轅北轍、完全不同的態度。天主從來不會無動於衷。天主的本質就是悲憫，而悲憫所代表的不光是看見、也不光是心有所感，而是要以具體的行動去回應。天主知道、感受得到，而且會跑著過來尋找我們。祂不會只在那兒守株待兔。哪怕世上任何一個角落，只要哪裡有立即、貼近、溫暖、關心，而且是主動的回應，哪裡就有天主的精神存在。

無動於衷阻斷了這種精神，因為這麼做讓我們封閉了起來，讓我們接觸不到上帝正等著要交到我們手上的可能性，那盡是從我們的心靈範式與類別中溢出的可能性。冷漠會讓你感覺不到天主精神的動態，但那正是我們該在這場危機中被激發出來的精神。冷漠也阻斷了我們明辨是非的機會。一個人一旦麻木不仁，天主想提供給我們的新事物就會不得其門而入。

這就是何以我們必須注意到這種「那又怎樣」主義，並敞開自己去接受如今從世界各角落朝我們襲來的一道道打擊。

在受到衝擊的當下，我們會被各種懷疑與問題所淹沒：怎麼回應才對？我們能做什麼？我能幫上什麼？天主這次對我們的要求是什麼？

而在問出這些問題的同時——不是形式上問一下，而是在靜默中帶著虔敬的心情，或許在一根點著的蠟燭前——我們便已對著上述的精神敞開了自己。由此我們便可以開始展現出鑑別力，開始至少在我們周遭的小事上，或在我們每天都在做的日常小事上，看到新的可能性。然後在從這些小事做起的過程中，我們會開始發想出另一款共同的生活，另一種服務我們親愛人類同胞的辦法。我們會開始夢想起真正的改變，不是不可能的改變。

值此艱困的時刻，我寄希望於耶穌在〈瑪竇福音〉中最後的話語：「我同你們天天在一起，直到今世的終結。」（〈瑪竇福音〉二十八章二十節[7]）。我們並不孤單，所以我們不用害怕走進問題與苦難的黑夜。我們知道我們固然沒有打包準備好所有的答案，但我們可以相信天主會為我們打開我們還不知道在哪裡的門。

當然，我們會有所遲疑。面對這麼多苦難，誰不會卻步？稍微顫抖也無傷大雅。事實上面對任務的恐懼，也可以是在彰顯聖靈。我們會既感覺到自己力有未逮，又覺得自己聽到了任務的召喚。我們心中會有一股溫暖，讓我們確信天主要我們跟上祂的腳步。

當面對選擇與矛盾的時候，就問一聲天主的意願是什麼，那將啟發我們去看見各種意想不到的可能性。我形容這些新機會是一種「溢流」，因為它們往往會衝破我們思想的堤岸。思想的溢流發生在我們謙遜地把挑戰置於天主的面前，並尋求祂幫助的時刻。我們稱之為「靈性的辨別」（discernment of spirits），因為那牽涉到去知悉天主代表什麼，想要挫敗祂意志的東西又是什麼。

要進入這種明辨的狀態，我們就要抗拒那股想要抄捷徑，以便能趕緊鬆口氣

7　20教訓他們遵守我所吩咐你們的一切。看！我同你們天天在一起，直到今世的終結。

的衝動。我們要懂得在天主面前保持對多種選項的開放性，耐心等待溢流的發生。你要去思索各種選項的利弊，並時時提醒自己耶穌與你同在並且是你的夥伴。你會自內心感覺到聖靈的溫柔牽引，也會感覺到來自聖靈對立面的拉扯。假以時日透過禱告與耐心，透過與旁人的對話交流，你自然會得出一個結論，一個與妥協完全無關的解決方案。

關於這點我想把話說清楚。在基督徒的生活中，當你尋求上帝的意志時，妥協之道是不存在的。但這是否表示身為基督教徒，你永遠不能妥協呢？當然不是；有時候為了避免戰爭或災難，人必須要有所取捨。但妥協確實不能化解矛盾或衝突。換句話說，妥協就是暫時的解方，一種緩兵之計，一個以拖待變、讓情勢成熟到有朝一日時機來臨，是非得以辨明之際，我們再尋求天主的意志來化解的辦法。

在疫情封城期間，新聞與社群媒體利弊參半地成為我們主要的世界之窗。

記者扮演的關鍵角色，是要幫助我們理解所發生的一切，並且去平衡與評估各種不同的描述與意見。最稱職的記者，會帶領我們前往社會邊緣，讓我們看見那裡的真相，讓我們變得在意與關心。作為新聞工作者最崇高的境界，這類報導會協助閱聽人克服我們視距上的物理局限，並創造出相關議題的探討與辯論空間。對於在這場危機中幫助我們，讓我們不至於落入無動於衷之陷阱的新聞媒體，我想要表達我的敬意。

但媒體也有其不可免的病態：假消息、各種汙衊，還有對醜聞的迷戀。部分媒體不可自拔於後真相的文化，而那是一個事實遠不如影響力要緊的地方，那些媒體操弄論述，只是為了揮舞權力。最腐敗的莫過於那些去討好讀者與觀眾的媒體，他們扭曲事實只為了迎合某些人的偏見與恐懼。

某些媒體利用了這場危機來說服我們幾件事情：包括罪魁禍首是外國人，包括冠狀病毒只不過是一場小小的流感疫情，包括事情很快就會回歸事發前的常態，包括所有為了保護大家健康的限制與規定，只不過是愛管閒事的政府所提出的無理要求。不少政客兜售這種論述，為的是獲取自身的政治利益。但他們之所以能夠成功這麼做，也是因為有不肖媒體在無中生有與推波助瀾。

這麼一來，媒體就從社會的調解者變質成了某種阻撓我們看清真相的中間人。遺憾的是，這種現象並不罕見於某些宣稱自己是在針砭教會的所謂的天主教媒體，但用斷章取義的報導去配合某種意識形態，或藉此牟利的行為，都顯示他們是在造成社會崩解，最令人不齒的新聞敗類。

無論如何，這次的親身體驗都已經讓我們知道，沒有媒體可以滿足人類靈魂想要與所愛、與真相進行直接接觸的欲望；也沒有什麼可以取代與他人經驗直接接觸，進而感受到的那種複雜性。單純的連結不等於溝通。想讓溝通產生豐碩的成果，唯有靠名為信賴的牽絆，而那具體而言就是：人與人的情誼、友愛與面對面的真實互動。

社交距離的保持是防疫的必要手段，但久而久之那也不免會侵蝕我們的人性。畢竟我們生來就不光是要彼此有所聯繫，更是要有所接觸。

我這麼說話，自然有點冒著被人誤會的大不韙，但我們最需要的溝通莫過於人與人的接觸。冠狀病毒讓我們怯於擁抱與握手，但我們總是渴望碰觸心愛之人，只是有時為了彼此的安全，我們也只能勉為其難地放棄這些。惟接觸終究是人性深處的需求。

在週三與民眾見面時[8]，我在發表過簡短的教誨後走到了人群之間。盲眼的孩子對我說，「我可以看看你嗎？」而我一邊說「當然可以」，一邊有點不解其意。但隨即我意識到他們是想用手撫摸我的臉，用觸覺來「看到」教宗長得什麼模樣。觸覺是唯一一個科技還沒辦法取代的感官。沒有任何裝置比起手，更能讓這些盲眼的孩子清楚地「看到」我。

我非常感動於有這麼多教會中的弟兄姊妹對這次的疫情做出了回應，包括他們在確實遵守了社交距離的規定後，仍尋求著用各種方式去貼近人：透過現場串

---

8 天主教教宗每星期三都會在梵諦岡的聖伯多祿廣場公開接見群眾。

流來辦理天主教儀式、把社區成員的照片放在教堂內的排椅上、在數位平台上舉行會議與禱告、以遠距的方式進行避靜[9]、用電話及平板與人聯繫、集數十名歌手與樂手之力，聯手從各自的家中拍攝出美好歌曲影片。此時對天主教會而言，是大家不得不天各一方的時期，但也是我們共同身為天主的子民，以嶄新的創意來隔空聚首的時刻。

在無法與其教區教眾一同慶讚彌撒的情況下，許多神父開始挨家挨戶，隔著窗戶玻璃去探視他們的羊群，或是透過電話去行使聖職，為的就是不讓人與人的緊密關係化為烏有。我們有天主教會的同仁會去幫獨居的老人家進行日常的採買。那樣非比尋常的見證，讓我看到了一個充滿生命力的天主教會。

網路連線，固然讓我們彼此間的聯絡與溝通不至於落空，但那並不表示我們生活與居家的內涵沒有產生改變。這包括有人跟我提到過度暴露在數位裝置下的影響，提到他們是如何感覺到精疲力盡，也提到過他們感覺被入侵而迷失了自我

——這些效應全都來自所謂的「網路生活」：無時無刻不對著一面螢幕，是一個我們必須審慎去評估其影響的全新現象。

比方說為了保持社交距離，就已經讓某些兒童暴露在「網路誘拐」[10]等各式各樣、我們作為一個社群必須要去留意並通報的性虐待風險下。

在過去這幾年裡，感謝天主，我們觀察到這類議題獲得了格外的關注。虐待的文化，不論是性虐待，或是權力的濫用與良知的利用[11]，都開始經由受害人暨其家屬獲得拆解。他們無畏於自身的痛苦，勇敢地在爭取正義的道路上走了下去，廣大的社會也才得以在這類變態行為的威脅中獲得警示與療癒。

有句話我得懷著哀愁與羞恥訴說，而我也永遠不會住口，那就是這類虐待行

9　Retreat，亦稱「退修」，為基督宗教信徒的靈修方式之一，主要在一個與日常生活隔離的完善時空中靜默，做個人的深度祈禱和自我省察。

10　Online grooming。Grooming 指的是戀童癖長期透過關係的建立來消除兒童被害者的戒心，最終達成對其進行性剝削的目的。Online grooming 就是在網路上進行這種誘拐的行為。

11　意指神父藉助自己的職位，試圖把自己的道德意願加諸別人身上，從而干預別人的身心靈成長。

為也出自天主教會的少數不肖成員之手。在過去幾年中，我們在打擊虐待行為的工作上跨出了重要的步伐，並設法催生出關懷的文化，來作為我們對於相關指控一個立竿見影的回答。這樣關懷的文化，需要時間的催化，但卻是不容我們逃避，也不容我們不長期徹底堅持下去的作法。虐待的陋習必須到此為止——不論是性虐待、或權力的濫用與良知的利用——都必然要在教會內外銷聲匿跡。

我們也已經在社會上看到了這樣的覺醒：在對性騷擾說不的#MeToo運動中，在許多牽扯到當權政客、媒體大亨與商人的醜聞中。這類當權者所暴露出的心態是：既然他們可以為所欲為，既然他們想亂來不用挑時間，既然他們可以占年輕弱女子的便宜而不用付出代價，那何樂而不為呢？有權有勢者的罪惡，幾乎無一例外地都是由那種毫無羞恥心且傲慢到令人瞠目結舌之人所犯下，覺得自己是天選之人的罪惡。在教會中，這種自認高人一等的心態是我所稱的神職主義[12]之癌，也是我們身為神父者遭到指控，一種對聖召的曲解。

在這類案例中，罪惡的根源都是相同的。這種古老犯罪，屬於那種自認擁有別人，那種不知道分寸，那種不知羞恥地覺得他們可以恣意利用別人的傢伙。這種罪的本質，就是不懂得尊重每個人都有的價值。

另外一種權力的濫用，可見於造成喬治・佛洛伊德[13]之死，並在全球各地引發種族歧視抗議，令人髮指的警察暴力。從各種形式的人身虐待與權力濫用中收復屬於每個人的尊嚴，是正確的作法。施虐是對人性尊嚴的重大侵害，我們不能坐視不管，更不能停止與其奮戰。

但話說回來，這類的意識覺醒就跟所有的好東西一樣，都隱含著遭到操弄與消費的風險。我這麼說，不是在質疑許多真心在揭發施虐者的敗類行為、替受害者發聲的努力，而是希望大家提高警覺，別忘了有的時候，我們也會在善裡發現

12　Clericalism。亦稱教權主義或神權主義，可指在宗教的影響或指導下創立政府政體或影響社會，本書此處是指一種意欲維繫或擴大神職系統的組織／力量的意識形態主張。

13　二〇二〇年五月二十五日，美國明尼蘇達州的四十六歲非裔公民喬治・佛洛伊德（George Floyd）因涉嫌使用假鈔，遭白人警察單膝壓制頸部超過八分鐘，造成佛洛伊德無法呼吸並失去知覺，送醫後宣告不治。

惡。我必須難過地說，我知道有律師會把受虐被害人當成籌碼利用，不想幫助或捍衛他們，而單純拿他們當作牟取私利的工具。

同樣的行徑也可以在政客身上看到。我曾經收到一名男士來信說在他所居住的國家，某人揭發了一整段施虐的歷史，但後續的司法調查卻證明相關指控並不屬實。原來是那人拿子虛烏有的施虐行為當幌子，為自己塑造出打虐英雄的形象與光環。後來我發現這人一心想當上該地的行政首長，而這場騙局只是為了吸票而上演的戲碼。

剝削、誇大、扭曲別人的苦難來收割自身的政治或社經利益，本身就是一種嚴重的施虐，因為那等於是對受害者苦痛一種大剌剌的蔑視。這本身，也是一種令人遺憾的發展。

浮現於COVID-19危機中的某些抗議，讓我們看到了受害者的熊熊怒火，但有部分的「受害者」只活在自身的想像中：比方說有人宣稱他們被迫戴口罩，是國家未經授權便對他們進行的壓迫，但他們卻沒想到或不關心那些沒有社會福利可依靠或失去工作的可憐人。

除卻少數例外，各國政府大都盡了很大的努力去把民眾的福祉擺在第一位，這包括他們當機立斷採取行動，為的是保障國民健康跟拯救生命。少數的例外則是有政府無視於不斷累積的死亡案例與不可避免的嚴重後果，不把這些人命代價當成令人痛心的證據而去力挽狂瀾。不過例外畢竟是例外，絕大多數政府確實負起了責任，實行了嚴格的管制措施來圍堵疫情。

惟這些管制行動引發了部分團體的抗議，這些團體拒絕保持社交距離，還為了反對旅遊限制而走上街頭——就好像政府為了確保多數人利益而不得不採取的作為，構成了某種政治上對自主性或人身自由的戕害一樣！須知公眾的最大利益，並不等於個人私利的總和。公益的意思是要把全體公民納入考量，然後尋求以最有效的辦法去回應最弱勢者的需求。

我們稍早談過自戀，談過身穿盔甲的自我，談過有人懷著悲憤過活，這些人凡事只會想到自己。他們欠缺綜觀全局的能力，他們無法理解不是每個人都擁有相同的背景、際遇與條件。一個不小心，他們就會抓著某個想法——比方說此例中的人身自由——將之轉化為某種意識形態，接著就是透過這種意識形態的稜鏡去判讀外界的每一件事情。

你永遠也看不到這類人去抗議佛洛伊德之死，也不會看到他們走上街頭是為了棚屋區的孩子欠缺用水或教育，或是有人舉家沒了收入來源。你不會看到他們抗議軍火交易的驚人規模，希望那些錢能用來餵養全人類，讓所有孩子都能上學。在這些問題上，他們永遠都是不會抗議的順民；他們就是如此走不出自己狹隘的利益圈。

還是那句話，也還是很遺憾地，我們不能假裝沒看到教會裡也有人陷入相同的心態。一部分神父與素人做了不好的示範，丟失了他們與世上其他兄弟姊妹之間的團結心與手足情。他們把真正想確保生命受到保護的努力，變成了一場文化戰爭。

這場危機揭發了我們的弱點，暴露出我們誤以為安泰的生活基礎。此時我們該進行的是誠實的自省，是承認自己一路如何走來，有過什麼樣的根本。

在二〇二〇年夏天那場有許多歷史人物雕像於各國被推倒的反種族歧視抗議中，最使我憂心忡忡的一點是那股想把過去純化的欲求。有些人想把他們希望看到的現在，投射在過去的帷幕上，而那就需要他們去抹殺之前發生過的事情。但其實反其道而行才是正確的作法。想要擁有真實的歷史，我們就需要正確的記憶，而要有正確的記憶，就代表我們得承認曾經踏過的足跡，即便那是會令我們感到羞愧的來時路徑。將歷史截肢，會讓我們的記憶佚失，但記憶卻是我們為數不多、能用來避免重蹈覆轍的利器。擁有記憶的民族，才是真正自由的民族，因為只有這樣的民族才能擁抱而非否定歷史，進而從歷史教訓中蛻變成更好的一群人。

在〈申命紀〉第二十六章裡，梅瑟指定了以色列人在拿下上帝給予他們的土地後，該做的事情有哪些。他們要將從這片土地上收穫的第一批果子，送去給祭司當作獻禮，並在為了感謝而宣告的禱告中回憶民族的歷史。那段禱告的開頭是這麼說的：「我的祖先原是個飄泊的阿蘭人[14]。」接著便是一段羞愧與救贖的故事：我的祖先如何下到埃及，如何以異族跟奴隸的身分過活，但他的族人呼求天主之名，而被帶出了埃及，來至這片土地。

換句話說，我們過往的汙名，也是我們內涵暨身分的一環。我追憶這段歷史並不是要歌頌過往的壓迫者，而是要榮耀被壓迫者所見證的一切，還有他們偉大的靈魂。為了主張自身的無辜而去記得別人的罪孽，是一件很危險的事情。

當然，拉倒雕像的人這麼做，是為了讓世人注意到過往的錯誤，並且讓犯下這些錯誤的人不要享有光榮。但當我用現在的濾鏡去判決過去的事情，並藉此滌清自身過去的恥辱時，我也必須承擔一種風險，那就是我可能會將某人的歷史簡化為他們犯過的錯誤，進而造成許多不公不義。

過去永遠不乏各種羞恥的局面：不信你可以去讀一讀耶穌在各福音書裡的家譜，那裡頭——就如我們所有人的家族——都飽含著各式各樣難言是聖人的傢伙。耶穌並不排斥他的族人與自身的歷史，而是拾起這些歷史，並教導我們也這麼做：不把過去的恥辱一筆勾銷，而要不偏不倚地去正視其為史實。

當然，人像總是一座座地傾倒，一座座被新的人像取代，因為舊銅像所訴說的意義總有不為新生代接受的一日，但那應該要經由共識的建立為之，要經由辯論與對話而非暴力為之。那樣的對話，為的是要從過去學到教訓，而不能是為了以今非古。我們可以用批判的角度去看待歷史，但也要帶著一份同理心去思考當時的人為什麼會容許如今看來駭人聽聞的事情發生。而後我們若想為了當時體制所犯下的錯誤道歉，當然可以，但我們不可稍忘當時的時空背景。用今日的標準與眼光去評判過往，是有問題的作法。

當然用時空背景解釋得過去，不代表那就是對的。只是隨著人性的演化，我們的道德意識也會跟著發展。歷史是過去已經發生的事實，不是可以隨我們開心

14　Aramean people，一譯「亞蘭人」，是青銅時代晚期到鐵器時代生活在今敘利亞南部及幼發拉底河中上游一帶（即亞蘭地區）的半遊牧民族，屬於閃族的一支。曾建立過大馬士革王國等政權。

去更改的劇本，尤其是把過去披上一層意識形態，只會更讓我們看不出現在有什麼需要改變，才能讓我們走向更美好的未來。

有很長一段時間，我們都以為自己可以就這麼在這個病態的世界上健康地活著。但這次的危機打醒了我們，讓我們知道要努力創造一個健康的世界，是多麼要緊的工作。

這個世界是天主給我們的禮物。《聖經》關於創世的故事有一個反覆出現的主題：「天主看了認為好。」（〈創世紀〉一章十二節[15]）。這裡的「好」，意味著豐饒、生命的給予，還有美好。而美是通往生態意識的門徑。聽著海頓的神劇《創世紀》，我便彷彿在造物之美中，被傳送到天主的榮光裡。最後在亞當與夏娃長長的二重唱裡，你見到的會是被賦予了美麗而沉醉其中的一男一女。美，就如同創造本身，都是純粹的禮物，都象徵著用愛淹沒了我們的天主。

如果有個愛你的人送了你一份美麗又珍貴的禮物，你該怎麼處理？對這份禮物不敬就是對送禮的人不敬。如果你珍視這份禮物，那你就該讚佩這份禮物，看顧這份禮物；你不該蔑視之，而應該對其懷著尊敬與感激。我們的地球所受到的傷害，源自於這份感激意識的佚失。我們習慣了擁有，卻總是忘了感謝。

這項真理在我的意識裡生根，是始於二〇〇七年五月，在巴西阿帕雷希達（Aparecida）一場與拉美主教們合開的會議上。身為草擬會議結論的委員會一員，我一開始有點惱怒於巴西與各國主教怎麼會想把結論中的那麼多篇幅放在亞馬遜雨林上。我的感覺是那有點多餘。

沒想到去年我召開了一場主教會議，正是以亞馬遜雨林為名。

這兩場會議間發生了什麼？在阿帕雷希達開完會後，我開始注意到新聞報導：比方說，南太平洋一個知名島國政府買下了薩摩亞的土地，為的是從二十年後就會被淹沒的家鄉把人口遷徙過去。還有某日，我聽太平洋地區的一名傳教士

15 12土地就出生了青草、結種子的蔬菜，各按其類，和結果子的樹木，各按照在它內的種子的種類。天主看了認為好。

說他在乘船旅行時看到樹從水裡伸出。他問：那棵樹是種在海裡嗎？駕船的男性告訴他：「不，那裡原本有個島。」

可以說經由許多這樣的場合、對話與小故事，我的雙眼被打開了。那就像是一種覺醒。夜裡你眼前是一片漆黑，但隨著黎明一點一點破曉，你將重見天日。而那正是我所經歷的過程：安詳而平靜地透過各種資訊，我逐漸意識到，也相信了問題的嚴重性。其中讓我獲益良多而值得一提的，是普世牧首巴爾多祿茂在這個主題上的書寫。我開始把這件事放在心上，也開始跟旁人討論這件事，而把疑慮拿出來討論是好的，因為透過交流與分享，我們便能慢慢看到地平線與邊界。

我的生態環保意識就是這麼萌生的。我看到了那是屬神的，因為那是一種在羅耀拉[16]的描述中，像是水滴落在海綿上的精神體驗：溫柔、安靜，但絕不放棄。緩緩地，就像破曉，生態環保的視野慢慢有所成長。我開始看見了人類與自然是和諧的一體，也看見了人類的命運是如何與我們共同的家綁在一起。

這是一種意識，不是一種意識形態。有些綠色團體的運動將這種生態體驗變成了一種意識形態，但生態意識顧名思義，就只是一種意識，不是意識形態。那只代表我們意識到了人類命運面對何種危機。

在獲選為教宗之後，我請氣候與環境科學的專家整理了如今關於地球現況最有參考價值的資料。然後我請了一些神學者去與全球相關領域的專家對話，藉此對資料進行反思。神學家與科學家腦力激盪，直到他們能合成出結論。

二〇一四年，在這項工作進行的同時，我前往了法國的史特拉斯堡去對歐洲議會演說。時任法國總統的歐蘭德（François Hollande）派了他當時的環境部長塞格琳·賀雅爾（Ségolène Royal）來接待我。我們在機場聊天時，她說她得知我正在準備一封以環境關懷為題的教宗通諭。我跟她提了一下該封文書的內容，她便請我務必要於二〇一五年十二月預定要在法國巴黎舉行的元首會議上發表這

16 Saint Ignatius，聖依納爵·羅耀拉，西班牙人，耶穌會創始人，天主教聖人之一。他在天主教會內進行改革，以對抗由馬丁·路德等人所領導的宗教改革。

篇通諭[17]。部長希望那場會議可以有好的結果，而她也如願以償，即便有些國家後來出於膽怯，撤回了他們對會議結論的支持。天主教會在這重要而必須的程序中發聲，是很重要的事情：我們的信仰容不得我們默不作聲。

《願祢受讚頌》不是一篇綠色的通諭，而是一篇社會性的通諭。環保與社會這兩種訴求，是一體的兩面。上帝造物的命運與人類的命運緊緊相繫。在聖伯多祿廣場進行公開接見時，我會問候現場大約三四排的病人。特別是遇到年幼的孩子，我會問道：「他（或她）得的是什麼病？」我會說十個裡有四個得的是「不尋常的疾病」，而造成他們染病的正是我們對環境的忽視：對於廢棄物不負責任的處理，持續在開發中且遭到濫用的殺蟲劑。這種種對環境的傷害，都造成了讓人患病以及債留子孫的結果。很多時候醫生對這些怪病都是束手無策，包括有些罕見疾病，他們大概知道病因，卻因為得病的人數太少，無利可圖的藥劑沒有實驗室願意研發，結果就是醫生無能為力。

這年頭我們吃蘋果都得削皮，免得吃進農藥。醫師會建議母親不要給四歲以下的孩子吃工廠化管理所養出來的雞，因為那些雞都被餵食了賀爾蒙來人為增肥，吃了會影響孩子體內的平衡。

所以這件事無關乎意識形態。這是一種危險的現實。人類正與我們賴以為家的地球、與我們的生活環境，也與上帝造物一起愈變愈不健康，

去年（二〇一九）我在義大利一個叫聖貝尼迪托德隆托（San Benedetto del Tronto）的小鎮上遇到一名漁夫，他告訴我說他們從海裡撈起了數以噸計的塑膠。他們有一群小船組成的船隊，每艘船上不超過六到七名組員，而今年他們又來看我，並告訴我他們撈出了二十四噸垃圾，其中約半數——也就是十二來噸

17【作者註】由一百九十名國家元首所參與的這場巴黎會議被稱為COP21，因為那是一九九二年聯合國氣候變遷框架公約（United Nations Framework Convention on Climate Change）第二十一屆一年一度的締約國會議（Conference of Parties）的。限制本世紀的全球氣溫上升在攝氏一點五度以內的巴黎和約作為一項歷史性的成就，很多人都將之部分歸功於會議上那篇通諭《願祢受讚頌》（*Laudato Si'*）的影響力與教宗方濟各的努力。見Austen Ivereigh, *Wounded Shepherd*：*Pope Francis and His Struggle to Convert the Catholic Church* (New York: Henry Holt, 2019), 216–18。

——是塑膠。他們之所以沒把垃圾再扔回海裡，是因為他們將之視為他們肩上的一種使命。於是乎他們一邊捕魚，一邊也將垃圾在甲板上區分出來——而這當然都是要花錢的。

《願祢受讚頌》將科學界對於環境正遭受破壞的共識，連結到了忘記自己是誰的我們，我們丟棄了自己作為慈愛天主所造之物的身分，活在祂創造的萬物中卻又與之為敵。人類知識豐富，但內心卻欠缺知道自己是天主用愛所造之物的安全感，這是我們的悲哀，因為如果認知到這一點，我們就應該要在同一時間去敬畏天主、敬重彼此，也尊敬天主的造物。

要談論天主造物，你需要的是詩與美。伴隨著美，是一種和諧。當我們把自身的注意力縮小到某個區域上而不惜犧牲掉別人時的瞬間，也就是我們拋棄了這種和諧感的瞬間。一旦我們把心思放在技術與抽象的事物上，因而失落了在自然世界中的根源，我們的存在就會失去重心而倒向一邊。忽視了地球母親，我們失去的將不只是我們延續生命所需，我們還將失去共存共榮的智慧。

自然用各種極限給人類上了一課，而對這種教訓感到不耐煩，代表人類並沒有真正成為科技力量的主人。換句話說，科技從我們的工具變成了我們的主子。科技改變了我們的心態。怎麼個改變法？我們愈來愈受不了綁手綁腳：什麼事情只要沒人攔得住我們，而且又有利可圖，那我們就會覺得何樂而不為。我們會開始信奉權勢，開始把權力跟進步混為一談，就彷彿什麼東西能讓我們增強控制力，什麼就是好的。

我們的罪，在於沒能認清價值，在於想要擁有跟剝削那些我們理應卻沒有當成天賜之禮物的東西。占有欲，永遠是罪惡的同一根源，那代表我們會寧可犧牲旁人與萬物來滿足自己。就是這同一種罪惡的心態，造成了我們剛剛討論過，人對環境的傷害，其所犯之罪在於他們剝削了不該被剝削的對象，從不該被剝削的對象身上擷取了財富（或權勢、或滿足）。所謂的罪，就是棄絕了愛這世界所需要的自我節制。

這就是為什麼我在《願祢受讚頌》中提到一種扭曲的心態名為「技術官僚

典範」（technocratic paradigm）。這種以專家自居的心態會不把旁人的價值放在眼裡，更不會去理會價值所施加的限制。我因此在文中呼籲人類有必要進行一種「生態皈依」，藉此來避免人類摧毀大自然，也避免人類自我毀滅。我因此主張一種「整體生態學」（integral ecology）的觀念，其內涵遠非只是要關懷自然，而更是要去關懷彼此，視彼此同為慈愛天主所造的生命，並由此衍生出更多的努力。

換句話說，若你能接受墮胎、安樂死與死刑的存在，你的心就很難去關懷河流如何遭到汙染與雨林如何遭受摧殘，反之亦然。因此雖然有人會聲嘶力竭地抗議說，這些問題在道德層面上有著本質的不同，但只要他們還堅稱墮胎可以但沙漠化不行，或是安樂死不行但汙染溪流卻是經濟發展的必要之惡，那我們就會繼續卡在讓我們陷於今日困境中的那同一種自我矛盾中，無法自圓其說。

我認為COVID-19所凸顯的，就是這種自我矛盾的困境，但前提是你要願意睜開眼睛。追求道德上的完整性，此其時也；暴露出意識形態中具有選擇性的道德觀，此其時也；全心擁抱身為天主的孩子所代表的全盤意義，此其時也。這就是為什麼我覺得我們被召喚來打造的未來，必須從「整體生態學」出發。作為一種生態學，其嚴肅以待的不只是生態危機，更是與生態危機息息相關的文化與倫理崩毀。由技術官僚典範所帶起的個人主義，可不是一種沒有代價的東西。

任何一種對我們日常作息的干擾，都會釋放出不在少數的感受與反應。在某些狀況下，防疫封城會造成家暴案件的增加，原因是很多不懂得如何一起生活的人被迫朝夕相處。施暴的情事也顯著變多，包括讓人非常難過的性虐待與肉體虐待。但在另一方面，封城也促成了人際鏈結強化，一種不分你我的情緒浮上水面。為人父母者多了跟孩子玩耍的時間，丈夫與妻子間也有了促膝長談的機會。生活齒輪的被迫停擺，永遠很適合我們用來篩選，用來檢討過去，用來心存感激地想起我們是誰，我們得到了哪些饋贈，還有我們在哪些地方走偏了方向。

生命中遇到這些時分，可以代表我們改變與皈依的時機已然成熟。我們每個人要麼已經來到我們人生中的休息站，要麼還沒有但也終將進站：或許大病一場、或許婚姻觸礁或經商失敗，滿心期待的事情落空或是遭人背叛。一如COVID-19造成的各種封鎖，這些人生的關卡也會催生出危機的張力，讓我們暴露出自己的本心。

遇到這些人生的低潮，我們需要有人陪我們走一段。有些人忌諱就醫，但如果你想要避免多吃不用吃的苦頭，或甚至想避免掉大病大痛的風險，尋求專業意見是你必須做的事情。同樣的道理，當我們遇到內在或個人的危機時，你也得去尋找身邊曾水裡來火裡去，所以可以指點你該做好什麼準備的智者。

可以說在每一場屬於你個人的「COVID-19」疫情中，在每一次因為低潮而按下人生的暫停鍵時，會被逼出原形的正是你需要去做的改變：我們內心對自由的欠缺、我們對偶像的服侍、我們對意識形態的執著，還有我們對於重要人際關係的忽視。個人COVID-19能結出最大的果實是什麼？我會說是耐心，上頭再撒上一些健康的幽默感。靠著這兩樣，我們將得以咬牙堅持下去，並創造出空間讓改變得以成真。

這讓我想到《聖經》裡的兩個登場人物，他們的「COVID-19」故事可以幫助我們理解自身的版本。首先是原名掃羅的保祿。我們可以想想這名充滿熱誠與理想的鬥士，身上都發生了些什麼，氣憤於耶穌的門徒把猶太教弄得「面目全非」，他下定決心要好好打壓他們。在遭遇到讓他的想法天翻地覆的那次事件前，他內心不曾有過一絲的猶豫與懷疑。

但他與基督的邂逅，卻將他狠狠地摔落到地面上；他突然眼前一片模糊，一切也都隨之改變。他不再為了一個念頭而活，而開始為了他認定是天主的人而活。惟這樣的翻轉固然只是一轉眼，體質的改變還是需要時間。他接受了幫助，接受了滌淨，然後前往了阿拉伯，最終在十四年後，他開始以我們所知的保祿身分對使徒們發言。令人驚異的是在《聖經》之中，這些質的轉變也伴隨著名的改變；這樣的過程鑄成了一個新的身分：原本的掃羅變成了保祿。

大衛王歷經三次撕裂與危機，三次屬於他個人的「COVID-19」。首先他嘗試用一樁駭人的罪行來化解他與巴特舍巴有染的姦淫行為——他下令處死了烏黎雅，巴特舍巴的丈夫——但最終他看清了自己所犯的錯誤，他悔改了。他站了起來，打算重新來過。但此時他又遭逢了自身的第二次「COVID-19」，驕傲與自滿讓他喪失了自我；他忘記了要信賴天主，反倒為了讓自己權勢滔天而去點數了百姓（普查人口）。後來他第二次悔改，祈求子民的寬恕，並對天主說出這樣的話：「懲罰我就好了，這些百姓是無辜的。」

最後一次的「COVID-19」讓大衛踏上了逃亡之路，因為他遭到了兒子押沙龍的背叛，不得不出走耶路撒冷，途中遇到名為示每的掃羅後人對著大衛又是咒罵，又是拿石頭丟他，於是大衛的一名將領說：「為什麼讓這死狗辱罵我主大王？讓我去砍下他的頭來！」（〈撒慕爾紀下〉十六章九節[18]）但不許他這麼做的大衛說了：「就由著他，讓他罵吧；因為這是天主吩咐他的。」（〈撒慕爾紀下〉十六章十一節[19]）大衛在此學會了謙遜。

這些我們一起分享的《聖經》故事，顯示了危機也是滌淨自己的時機。危機總是能帶我們抵達同一個地方，一個我們能懂得為自身的傲慢感到羞恥，並學著相信天主的地方。

關於出自《聖經》的「COVID-19」故事，我還想到了另外兩個。這兩個故事中的危機不來自罪孽，而來自於贈禮遭到了忽視。故事的主角是撒羅滿與三松這兩位都收到了大禮的人。撒羅滿得到的是他開口索取的廣大智慧，而三松則被授予了他殺敵所需的強大力量。但兩人最後沒有好下場，都是因為他們沒有懷著敬意把這些禮物放在心上。

撒羅滿非常有出息地成為了他身處時代中最有智慧也最富有之人。舍巴女王說她是因為撒羅滿王，才第一次見到世上有如此有條不紊的宮殿：如此令人讚嘆的盛宴，服飾更是無比光鮮！他真的擺出了可聞名於世、第一流的場面與作業。

18　9責魯雅的兒子阿彼瑟對君王說：「為什麼讓這死狗辱罵我主大王？讓我去砍下他的頭來！」

19　11達味對阿彼瑟和他的眾臣僕說：「唉！我親生的兒子，尚且謀害我的性命，這個本雅明人更將如何？讓他罵罷！因為上主吩咐了他。

但同樣讓她大開眼界的還有撒羅滿王的偉大智慧。他向天主請求了明辨的贈禮，也獲得了回應。靠著這份睿智，撒羅滿王才會有遇到兩個婦人宣稱是同一個孩子的母親，而他便要把嬰兒切成兩半平分的故事傳世。以色列人莫不讚嘆於天主贈予撒羅滿的睿智。

但隨著他的自我不斷膨脹，撒羅滿王的一顆心也由熱轉冷。他變得愈來愈自以為是，彷彿他所得到的一切都是理所當然。他在各個方面都開始鬆懈，包括一項任誰都最不應該鬆懈的修為：對天主的敬拜。須知天主可是他天賦的泉源。教宗聖額我略一世在其《約伯傳詮釋》中描寫了撒羅滿王如何失去天主的恩寵。當弱者獲得大量的讚許，聖額我略說，他「真正開心的不是蒙福之實，而是蒙福之名」，由此漸漸地，在盲目追求掌聲的過程中，他「中斷了與天主的連結，而那把刀正是原本看似能在天主面前獲得稱許的途徑」[20]。

撒羅滿的下場甚慘。陷入敵人重圍的他在四面楚歌之餘，還得看著自己的王國也分崩離析，成了一個十足的可憐人。他就像是三松的翻版：一個極強大卻有著致命弱點之人，任由自己遭到引誘，最後在把秘密透露給妓女大利拉並被她出賣後，遭人所擒。惟假以時日他將找回力量與身分，重建他忠於天主的生活，最後以行動為自己的故事畫下一個英勇的句點。危機之後，COVID-19之後，還有新生活在等著。

撒羅滿與三松的個人COVID-19，是一種正面的「長假」，因為這種暫停可以將人從世俗的追尋、從自滿、從義大利人說的安逸（benessere）中拯救出來。任由自我沉溺於安逸，會導致人的絕育。許多西方國家正在歷經的生育率寒冬，就是這種「獨善其身」的自我中心文化所致。一般人並不容易明白那看似應該是件好事的所謂安逸，其實是我們迫切必須要被救離的一種狀態。但那正是可以從撒羅滿王與三松的命運中所學到的重要教訓。

---

20 【作者註】*Morals on the Book of Job* by St. Gregory the Great, ed. Paul A. Böer, Sr., anonymously translated (Veritatis Splendor Publications, 2012), Book 10, Number 47.

我在自己的人生旅途裡，共歷經三次個人的「COVID-19」：生病、德國、科爾多瓦。

我在二十一歲時生了一場大病，而那也是我第一次對人的有限，對痛苦、孤單有所領略。那場病改變了我的人生觀。有好幾個月我不知道自己是誰，也不知道在前面等著我的是死是生。醫生也沒把握我撐不撐得下來。我記得我抱著母親說：「我是不是要死了，告訴我。」當時我正在布宜諾斯艾利斯的教區神學院接受第二年的神父陶成（訓練）。

我還記得那一天：一九五七年八月十三日。院內一名監督（Prefect）意會到我得的不是那種吃阿司匹靈會好的流感，便把我送到了醫院。院方隨即從我的肺部抽出了一公升半的積水，接著我就展開了留院為生命奮戰的過程。這年十一月，他們開刀切除了我右邊肺葉的上半部。由此接上呼吸器的COVID-19患者有多辛苦，我多少可以體會一些。

我尤其記得當時的兩名護理師。其中一位資深病房護士長是道明會的修女，她在被派駐布宜諾斯艾利斯之前在雅典教過書。我後來得知在醫生第一次看診完並離開後，她囑咐了其他護士把醫生所開藥物——基本上就是盤尼西林與鏈黴素（抗生素）——的劑量加倍，因為經驗告訴她我在跟死神搏鬥。柯奈麗雅・卡拉格里奧修女（Sister Cornelia Caraglio）是我的救命恩人，而這不僅是因為與患者朝夕相處讓她比醫生更知道他們需要什麼，更是因為她發揮了知行合一的道德勇氣。

另外一名麥凱拉（Micaela）護理師也做了一樣的事情。在我痛到撕心裂肺之際，她偷偷在不該給我用藥的時候，幫我開了額外的止痛劑。柯奈麗雅與麥凱拉兩位姊妹如今都已榮歸天上的主懷，但我對她們的感激永遠沒有結束的一天。她們一路上陪著我奮戰，直到我終於完全康復。她們教會了我該如何驅策科學為人類所用，也教會了我要在人有特殊需求的時候不要為科學所限。

那次經驗還教會了我另外一件事情，那就是避免廉價安慰的重要性。一堆人跑來告訴我說我不會有事的，他們說熬過這一關，我以後就天不怕地不怕了——都是些沒有營養、空洞的廢話。我知道他們都是好意，但這些話完全碰不到我的內心。相對之下有個人什麼都沒說，卻又深深地跟我說了最多，她就是影響我一輩子至深的一位女性，瑪利亞．多羅雷斯．托爾托洛修女（Sister María Dolores Tortolo）。自小就教過我，還準備過我第一次聖餐禮的修女，來醫院看望了我。她執起我的手，給了我一個吻，然後在沉默了一陣子之後，緩緩地告訴我：「你是在效法耶穌。」她不需要再多說什麼，她的人，她的沉靜，都深深地撫慰了我。

那次的經驗讓我下了一個決定，此後我每逢去探病，都會盡可能保持安靜，我只會默默把他們的雙手握緊。

我活過來的那場重病，教會了我要適時去倚賴他人的智慧與善意。當時我神學院的同學會來捐血，來探望我，陪伴我；其中一名同學曾在那最難熬的時刻，每晚都來到我的病床邊坐著。這些，都是你想忘也忘不了的恩情。那次的「COVID-19」經驗，催生出了一個什麼樣的我呢？我得到了成長，也變得更加腳踏實地。生病讓我得到了空間去重新思考自己的前途。我原本就已經感覺到神職是我的天命，並且在加入慈幼會、道明會或耶穌會之間考慮著。我和耶穌會的緣分始於神學院，因為那本來就是一間耶穌會成立的學校，當時他們對宣教工作的投入讓我印象深刻。利用在肺部手術後需要休養而暫別神學院所得到的時間與空間，我將這一切仔細想過了一遍。最終我也因加入耶穌會的決定，達到了內心的平靜。

我一九八六年在德國的歲月，可以算是一種名為「流離失所」的COVID-19時刻。雖說是流離失所，但我是自願前往德國。我走這一趟是為了磨練自己的德文能力，去尋找論文的靈感，只是人到了那裡，我卻感覺到有點格格不入。我曾經會步行到法蘭克福的墓園，在那裡看著飛機起落想家。我還記得阿根廷打進世界盃足球賽決賽當天，我連電視轉播都忘了看，隔天我是看了報紙，才知道我們得到了冠軍。那天我去上德文課，班上所有人都跟啞巴一樣，接著同學裡有個日本女生起身在黑板上寫下了VIVA ARGENTINA（阿根廷萬歲），全班才爆出了歡呼的笑聲。不一會兒老師走了進來，要那名女同學把黑板擦乾淨，慶祝就草草結束了。

那是一種贏了球卻無人可一起慶祝的孤單，一種不屬於這裡的落寞，一種失去了平衡的生活。你從土生土長的家鄉被帶離，被送到一個你素昧平生的地方，而在這樣的過程中，在離家千萬里的他鄉，你體會到了故鄉何以是故鄉。

有時候像這樣被連根拔起，可以是一種療癒性或根本性的再造。我這說的是我的第三次「COVID-19」時刻：一九九〇到一九九二，我在科爾多瓦的那三年。這三年等於是我在還債，而我欠債的原因跟我之前的領導風格有關。此前包括我在擔任教區省長與學校校長的任內，我確信我一方面有過一些建樹，一方面也可能略嫌嚴厲了些，由此來到科爾多瓦我必須付出代價，他們絕對有權利這麼去做[21]。

我花了一年十個月又十三天在科爾多瓦的耶穌會駐所，在那裡我主持彌撒、聆聽告解、給予性靈上的指引，但鮮少走出戶外，頂多就是去郵局寄信。那於我也是一段封城般的日子，跟近期很多朋友所歷經的一樣，一種自我隔離的生活，而那於我是有裨益的。那生活幫助了我發想出很多靈感，我因此在著述及禱告上都大有收穫。

在那之前，我都依循著自己擔任領導者的經驗，在耶穌會裡過著有條不紊的生活。我先是從耶穌會的見習導師做起，然後在一九七三年被任命為耶穌會阿根廷教省的省長，就此一直到一九八六年，我才以校長身分結束了在當地的服務。這麼長的時間，讓我完全融入了在地的生活。所以突然被拔起而失根，就像奮戰的足球員突然被拉回板凳，讓我感覺到天旋地轉。所有習以為常的細節、所有的

21【作者註】教宗方濟各在這所指的是從一九九〇到一九九二年，他在阿根廷中部的山城科爾多瓦（Córdoba）教區度過的時光。在這之前剛結束的，是耶穌會阿根廷省裡一段動盪的時期。這個時期的喬治・馬里奧・伯格里奧（Jorge Mario Bergoglio）有逾十年的時間，在耶穌會阿根廷省中是個十分強勢的魅力型領袖，他當時除了擔任過耶穌會的阿根廷省省長（一九七三到一九七九），也在布宜諾斯艾利斯的耶穌會陶成訓練處，馬克西莫學院（Colegio Máximo）擔任過校長（一九七九到一九八五）。結束這段時期的工作後，此時才五十四歲左右的伯格里奧便被派至科爾多瓦。後來隨著在科爾多瓦的工作來到尾聲，當時的布宜諾斯艾利斯總主教樞機主教安東尼奧・夸拉西諾（Cardinal Antonio Quarracino）便敦請教宗若望保祿二世任命伯格里奧為他在布宜諾斯艾利斯總教區的輔理主教。一九九〇到九二年這段艱苦但收穫豐富的時期，見證了伯格里奧在辛苦的生活中寫下了他許多至為深刻的見地，詳情可見 Austen Ivereigh, *The Great Reformer : Francis and the Making of a Radical Pope*（New York : Henry Holt / Picador, 2014 / 2015）, chapter 5。

反射行為，還有其他各種長年沉澱出來的生活參照點——都被徹底地翻轉，而這也讓人不得不重新學習如何生活，讓人不得不重新燃起戰志。

如今回首前程，三件事情讓我記憶尤深。一是我被賦予的禱告潛能，二是我所歷經的誘惑之深。然後就是第三樣——也是最不尋常的一樣——我怎麼會福至心靈地跑去把路得維希．馮．帕斯托（Ludwig Pastor）的《教宗史》（*History of the Popes*）全部三十七卷都給讀了。我大可以看本小說，或是抓本有趣一點的東西來看。但從我如今的身分與立場去看，我不得不懷疑天主冥冥中為什麼要我去看這套書。那就像是天主在幫我打一劑預防針。一旦教宗的歷史了然於胸，梵諦岡教廷與現今天主教會裡的種種，就不會再有什麼事情讓我大驚小怪了。我必須說那書日後對我管了大用！

在科爾多瓦的「COVID-19」經驗，是一次實實在在的淨化。那讓我面對弱勢者具備了更大的包容、更多的理解、更強的寬恕，還有更新鮮的同理心。另外就是耐心：大量的耐心，那就像一份禮品，讓我明白了重要的事情無法一蹴可幾，改變必須發自內心，也明白了凡事都有極限，而我們必須一面從極限以內努力起，一面將目光對準遠方的地平線，就像耶穌曾示範過的那樣。我學會了見微知著（從小事中見到大事）與粗中有細（做大事不忘小事）的重要性。那在許多方面都是一個我得以成長的期間，那是一種經過狠狠一番修剪後，獲得的嶄新成長。

但我仍必須警醒，因為當你陷入特定的缺點，或進入到特定的罪孽模式中，接著你矯正過自己後，惡魔就會降臨。牠就會像耶穌說的，在「見裡面已打掃清潔，裝飾整齊」（〈路加福音〉十一章二十五節）後，再派遣七個更可怕的惡鬼來找你。「這個人末後的處境，」耶穌說，「比先前更壞了。」[22]這就是我必須在治理天主教會時提高警覺的，我必須小心別重新掉回那些我在宗教上居於高位時所犯下的（強勢）缺陷。

這「第二個誘惑」，是禮數周全之惡鬼的專長。當耶穌說惡魔派了七隻比

---

22 26就去，另外帶了七個比自己更惡的魔鬼來，進去，住在那裡；那人末後的處境，比先前就更壞了。（〈路加福音〉十一章二十六節）

牠更可怕的惡鬼來到時，他說牠們會「進去（屋內），然後住在那裡」。換句話說，是我們開門讓牠們入內。牠們搖響了門鈴、牠們言談斯文有禮，牠們會說「不好意思」跟「我叨擾了」，但一邊這麼說，牠們也一邊鳩占鵲巢地開始以屋主自居。在〈路加福音〉的這些段落中，天主告訴了我們惡魔是如何假扮成光明的天使，來誘惑我們[23]。

惡魔以誘惑的形式回歸，是天主教會中一項歷史悠久的傳統。比方說，我們可以回想聖安東尼[24]受到的誘惑，或是里修的聖德蘭修女[25]曾開口請求讓聖水灑在她身上，因為惡魔將她包圍，希望最終能將她絆倒。來到我這個歲數，我想看見身邊將我包圍、希望把我絆倒的惡魔，我得先戴上老花眼鏡，因為歲月不饒人：我已經來到人生的尾聲。

以上就是我主要的個人「COVID-19」時刻。我從中學到的是人生有很多苦要吃，但只要願意接受這些苦的淬鍊，你就會在苦盡甘來後蛻變成更好的人。如果你挖起壕溝堅拒改變，那你就會不進反退。

現在我看到的，是很多人在拒絕改變，尤其是那些在現行制度下享有最多既得利益的人。有些國家領導人滿嘴調整改革，但基本上他們還是老調重彈地在倡導危機前的那一套。他們口中的「復甦」，只是妝點未來的前景，只是有一搭沒一搭地在搽脂抹粉，而他們不論怎麼做，都是為了確保社會不會有任何改變。我堅信改變不發生，我們只會經歷到更大的挫敗，一次會引發社會大爆炸的挫敗。

---

23 【作者註】在其《神操》（*Spiritual Exercises*）一書中，耶穌會的創始者聖依納爵．羅耀拉提到（322）「典型的壞天使會擺出光明天使的姿態……也就是說，他會拿出量身訂做的良善與神聖思想，作為給如此正直靈魂的提議，然後再一點一滴地換成他真正要的東西，將靈魂誘入他隱藏的陷阱與扭曲的目的」。*The Spiritual Exercises of Saint Ignatius of Loyola*, trans Michael Ivens, SJ (Leominster, UK: Gracewing, 2004), p. 100.

24 公元三世紀時有個名叫安東尼的年輕人成長於富裕的基督教家庭中。很不幸，他的雙親在他二十歲時就撒手人寰。失去雙親的安東尼受到上帝的指引，把所有錢財都分給了窮人，開始了隱居修行的信仰之路。他先在墓地生活了十幾年，之後轉移到山洞中。隱士安東尼的名聲慢慢傳開，很多人慕名而來。在他漫長的隱居生活中，魔鬼日復一日從未停止過對他的誘惑，試圖動搖他的信念。然而不論魔鬼變化成妖嬈的美女，或是變出豐盛的美食，安東尼最終堅守住了對上帝的愛和信心，沒有被魔鬼摧毀信仰，成為了聖安東尼。

25 Saint Thérèse of Lisieux.

同樣的事情曾經因為美國次貸危機，而於二〇〇八年上演，當時各國政府支出了成千上萬億的金錢拯救銀行與金融市場，而民眾則有長達十年的時間得承受撙節的苦果。這一次我們不能再犯同樣的錯誤。如果要在拯救生命與拯救經濟之間二選一，我們該如何抉擇呢？而如果我們此時進入了全球性的經濟衰退，接下來我們會調整經濟去符合民眾與萬物的需求，還是我們會繼續犧牲這些生命來保持現狀呢？

對我來說事情非常清楚：我們必須重新設計經濟，以便讓每個人在都能活得有尊嚴之餘，也能保護並再造地球的自然。

我同樣看到的——而這一點給了我希望——是有一項民間的運動在呼籲深刻的改變，一項自根部流瀉而出的改變，一種發自民眾具體需求的改變，一種自民眾的尊嚴與自由中興起的改變。這才是我們需要的深度改革，一種從有能力集會、有能力組織起來、也有能力發想出真實人性提案的民眾當中所崛起的改革。

這讓我想起了舊約的〈厄斯德拉下〉。尼希米感覺到一股召喚要他去改造耶路撒冷，而他也以此去說服了他的百姓。他的百姓於是揭竿而起，對抗起那些統治他們的非信者，甚至也把矛頭指向了朝他們干戈以對的那些人。〈厄斯德拉下〉第四章裡的其中一節，描述的是有些人在修築城牆的時候，其他人則在擔任守衛工作，由此「即在城牆做工的人後邊。那些搬運的人，也都武裝起來：一手做工，一手拿著武器」（〈厄斯德拉下〉四章十七節）。換句話說，他們知道若不想陷入原本的悲劇，那自己的未來就必須由自己來捍衛。

〈厄斯德拉下〉的前八章，尤其可以充分給現在的我們啟發：貫穿那代表窮人且為了恢復百姓尊嚴而為的整場鬥爭，一直到達成他們設定目標後的喜悅。傾聽著失而復得的律法書[26]內容，讓他們喜極而泣，而最終尼希米叫他們各自返家歡宴去吃肥美的、喝甘甜的。不要悲傷，他說：「因為喜樂於上主，就是你們的力量。」（〈厄斯德拉下〉八章十節）這份喜悅給了我們前進的力量。

26　*Book of the Law*，即《梅瑟五書》。

今天，我們的民眾少了喜悅：我們有的是一種沒有歡娛或消遣可以紓解的傷悲。只要還有一部分的人類在承受著不堪聞問的慘事，我們誰有辦法喜悅得起來？但同一時間我們也看到了覺醒，看到了改變的呼聲，看到了一種我們不可能徹底回到過去的體察。因天主而得的喜悅是他們的力量，但他們也知道在能於新生活中歡欣鼓舞，在能返家飲宴之前，他們還有一條該走完的路橫在他們面前。

今天，我們必須避免重蹈導致COVID-19與其周遭各種危機發生的那些個人層面與體制層面的覆轍：個人主義的過於膨脹，加上孱弱的體制與控制在少數人手中的經濟專制。其中我認為當務之急，是要強化體制的力量，因為那是道德能量與公民之愛的關鍵儲備。

而在各種體制當中，家庭這次受到的打擊最大。家庭失去了，或至少模糊了其作為「第一社會」的定位，須知每個人都是從家庭內開始學習在進入更大團體之前，必須要懂得的權利義務與安全守則。家庭組織遭到侵蝕，人人都需要的歸屬與連結就會遭到致命的打擊。你可以循此發展看到很多悲劇發生在遭到孤立的年輕人或長者身上。或許沒有什麼根據，但直覺告訴我只要我們多關心這兩個族群，多把他們從外面往內拉，讓他們聚在一起，那我們就可以開始期待各種好消息。

個人的膨脹，對應的是國家的弱化。一旦民眾失去了公益的概念，歷史的教訓是我們就得面對無政府主義、威權主義，或是兩者一起：具體而言社會將變得暴力而不穩定。事實上我們已經某個程度處在那種境地：不信我們可以去看看美洲每年死於槍枝暴力的人數有多少。自從COVID-19危機在美國爆發以來，該國的槍枝銷量已經打破了過去的所有紀錄。

不論是一個族群、一個家庭、一個體制，或是一個社會，一旦沒有了「我們」的公益概念去超越在「我」所代表的私利之上，生活就會迅速四分五裂並產生暴戾之氣，因為派系與利益之間會大打出手來成為一方之霸；而此時國家若無法強力介入來維繫社會治安，最終的結果就會是大家為了自求多福而以暴制暴。

我們還沒有淪落到那地步。這次的危機喚醒了我們必須互助的意識，喚醒了我們一息尚存的群體意識。現在正是我們重新推動尼希米計畫的好時機，一個嶄新的人本主義將可協助我們掌握這種互助精神的爆發，使其成為我們遏止冷漠在全球範圍內擴散的利器，也成為我們想讓個人主義膨脹得到節制的利器。我們必須再一次感受到彼此的重要性，必須再一次體會到人與人之間的那份責任，包括對那些還沒出世的生命與那些尚未被承認為公民的人，我們都不可推卸的責任。

我們可以將彼此共同生活的方式加以重新組織，藉此來更準確地辨別出要緊的是什麼。我們可以攜手合作來達成這一點。我們可以思考出是什麼在帶著我們向前，是什麼讓我們不進反退。我們可以選擇。

第二部
去揀選

如果說第一步是靠近一點去看清楚那震撼的一幕，而第三步是採取具體的行動去療癒並修復世界，那在這第一步與第三步之間的就是不可或缺的居中步驟：去明辨、去選擇。試煉的時刻，考驗的是我們能不能去分辨出哪些條路通往良善，通往我們光明的未來，哪些條路又是死路一條或甚至是開倒車。只要不受蒙蔽，我們定可順利地選出通往未來的路徑。

關於這第二步驟，我們需要的不只是面對現實，我們更需要一組堅實的標準來導引我們：我們必須知道我們受天主所愛，並在服務與團結中被召喚成為一個群體。我們同樣需要的，還有能去靜思反省的健康身心，以及可以不受到庸碌俗務所獨裁掌控的避難之所。更重要的是，我們需要禱告，需要聆聽聖神的提示，需要在可以扶持我們、給我們夢想空間的社群中去培養對話。有了這樣的精神武裝，我們便能正確地解讀時代的跡象，並選擇出有益於我們所有人未來的一條道路。

阿根廷的原住民高卓人（Gaucho），還有美國傳統的牛仔，會建議你同一件事情：「別過溪過到一半要換馬」。在接受試煉的時期，你需要堅定自己的信仰，堅守真正重要的事情。危機的發生，幾乎都是忘記了自己是誰所造成的結果，而要走出危機，就是要靠想起自己的根源。

現在我們迫切該做的，是要回復價值觀，而回復價值觀的意思就是：回到真正值得我們努力的事情之上。生命的價值、自然、人性尊嚴、工作、人際關係的價值——這些都是與人類生活息息相關的價值，也因此是不能拿去交換或犧牲掉的價值。每次聽到有人講到什麼「不能打折扣的價值」，我都會覺得莫名其妙。所有真正的價值，人類的價值，都是不能打折扣的。難道我可以說我一隻手上的五根手指，哪一根比其他四根更有價值嗎？但凡有價值者，那宗價值就不可或缺。

耶穌給了我們一組關鍵字，祂藉此總結了天主王國內的規章：天國八福[1]。

1　Beatitudes。典出〈瑪竇福音〉五章一到十節，其中三到十節所云便是天國八福：

1耶穌一見群眾，就上了山，坐下；他的門徒上他跟前來，八福的內容始於貧困者對生活完滿、對和平與友愛、對平等與公義的希冀。那是一種存在的秩序，當中各種價值沒有妥協的餘地，而是神聖不可侵犯。在為了回應我們現世生活方式而反思了天主王國後，天主教會發展出了一系列供人反省的原則，外加可同時作為行動指令的判定標準，也就是簡稱CST[2]的「天主教社會訓導」。雖說此一訓導的內容取材自對福音的省思，但當中的各原則仍老少咸宜，適於所有尋求在現時現地轉譯福音、推動福音成為具體行動的人參考。

這組標準，是愛的真切表達，因為這些標準所尋求的，是要造成一股動能來讓人感覺到被愛，特別是讓貧者感受到愛，讓貧者可以體驗到自己真正的價值。當天主教會論及要愛貧為先，那當中的意涵是我們永遠要考慮到我們的任何決定，都會對貧窮者產生影響。而那也意味著我們必須時時把貧者置於我們思慮的中心點。透過這種愛貧為先的觀念，天主給了我們一個新的價值視角去評斷事件。

同樣地，當天主教會論及公益，其所要求我們的是將社會視為一個整體來考量什麼為好。光是衡諸不同黨派或利益的平衡，或是用大多數人的最大福祉去思慮事情，彷彿多數人幸福就可以輾壓其他殘餘利益的作法，都是不夠的。公益者，就是我們每個人都有一份的好處，就是人類作為一個整體的好處，也是我們共同握在手中，理應供所有人享用的好處。我們投資公益，就是在強化所有人能夠共享的利益。

2他遂開口教訓他們說：
3「神貧的人是有福的，因為天國是他們的。
4哀慟的人是有福的，因為他們要受安慰。
5溫良的人是有福的，因為他們要承受土地。
6飢渴慕義的人是有福的，因為他們要得飽飫。
7憐憫人的人是有福的，因為他們要受憐憫。
8心裡潔淨的人是有福的，因為他們要看見天主。
9締造和平的人是有福的，因為他們要稱為天主的子女。
10為義而受迫害的人是有福的，因為天國是他們的。

2 Catholic Social Teaching.

天主教社會訓導的另外一項原則是物資應由普世共享。世間的物資由全人類共享，才符合天主的心思。私有財產是一種人權，但私產的運用與管制必須顧及物資普世共享的關鍵原則。生活所需的物資——土地、居所與勞動——都不應該成為一部分人的禁臠，而應該讓所有人雨露均霑。這並不是利他主義，或是某種善意；這是愛人的底線。早期教會的神父曾明言，濟貧不是一種施捨，而只不過是把應是他們的還給他們，須知天主的意思就是地球的物資屬於全人類，沒有誰該被屏除在外。

天主教社會訓導中，還有另外兩條在此至為關鍵的原則：團結與輔助。團結互助所體認的是我們的相互連結：我們作為活在人際關係中的生物，有一份對彼此的責任，也都受到了參與社會的召喚。那意味著我們要張開雙臂歡迎陌生人、要將債務一筆勾銷、要讓身體不方便的人有家可歸，要讓他人的夢想與希望中的美好生活也成為我們的夢想與希望。但除此之外，我們還需要輔助原則來確保我們不會扭曲了團結的本意，而要能體認並尊重他人作為他們自身命運的主體。窮苦之人不是我們用來表達善意的客體，而是改變自身生活的主體。我們不是單純的在為了窮人做些什麼，而是陪著他們一起做點什麼，一如本篤十六世在他二〇〇七年通諭《天主是愛》（*Deus Caritas Est*）裡的第二部分，就詳細說明了這個道理。

在日常生活裡大大小小的抉擇中，我們要如何落實這些高貴但不免有些抽象的標準呢？這就需要我們稱之為「神類辨別」（discernment of spirits）的反思與禱告。這裡的辨別，指的是透過我們的選擇與行動去進行思考，不要只是經由理性的計算，而是要去聆聽祂的聖靈，在禱告中體會天主的動機、邀請與意願。在這種時期，值得我們牢記在心的一項原則是：觀念需要的是辯論，但現實需要的是辨別。

對於比較急性子的人來說，這事會比較難辦，主要是他們的想法是每個問題都對應著一個技術本位的解決之道，就好像每個問題都有一個正確的開關，找到它就行了。許多有著宗教信仰的人，也不能免於在辨別這件事上掙扎，尤其是那些對不確定過敏，想要把一切都簡化為黑與白的人。甚至對於意識形態者、基本教義派，或任何一個被僵固心態拉扯住的個體而言，明辨更是不可能的任務。但明辨這東西，卻是我們更美好的未來所繫。

COVID-19加速了原本已然啟動的時代的變遷。我說「時代的變遷」，指的不光是當下這個改變的時代，而是我們原本習於用來在世界中找尋方向的分類與假設也開始失效了。我們壓根沒想到會發生的事情——環境的崩潰、全球性的疫情、民粹主義的回歸——成為了我們正在經歷的事實，而原本我們已經習以為常的正常，將愈來愈成為一種奢望。如今還想著一切能回到過往，已然是一種妄想。復辟的嘗試永遠會帶我們走上一條死巷。

面對著這種不確定性，意識形態與僵固的心態會產生一種我們必須加以抗拒的誘惑力。基本教義作為一種工具，為的是把思想與行為集合起來，使其成為一處看似能讓我們在危機中獲得庇護的港灣。基本教義打的旗號，是在環境的動盪中提供人保護，為此你要接受他們那具有存在主義色彩的寂靜主義。他們給你的是一種特殊的態度，一種單一而封閉的思考模式，並以此來取代那種能讓你看見真相的思想。誰在基本教義思想裡生了根，誰就會懼於踏上追求真理之路。他已然「握有了」真理，那真理就是他的護身之物，由此任何對他所謂真理的質疑，都會被解讀為對他的人身攻擊。

明辨，相對之下，會容許我們在持續變化的脈絡與特定的處境中去找尋方向，希望能藉此尋得真理。真理會展現在願意對真相敞開心胸的她眼前。古希臘文的「真理」一字拼作 *aletheia*，其本意就是：揭露自己的，獲得揭露的。相對之下，希伯來文的最後一個母音 *emet* 也是「真理」之意，但這種真理會連結到忠誠、確定的、堅定的，不會欺騙或讓人失望的事物上。所以說真理有這兩個元素。當事物與人展現出他們的本質時，他們也就針對自身的真實性，給了我們一種確定性，那種具有信賴感的證據會邀請我們去相信他們。敞開我們的心胸去接受這種確定性，需要的是我們自身思想上的謙遜，需要的是我們留出空間，來與真善美進行這種溫柔的邂逅。

我習得這種思想，是透過天主教作家羅曼諾・瓜爾迪尼（Romano Guardini；漢名「郭蒂尼」）。他的寫作風格第一次抓住我，是因為他的《天主》（*The Lord*）一書。郭蒂尼向我昭示的，是「未完思考」（*el pensamiento incompleto*）的重要性。他會對你介紹一種思想，但不會帶你一路走完。他會半路就請你停下腳步，留出思考的餘地。他會創造出空間供你與真理相遇。一種結實累累的思想總是得留下伏筆，為的是保持後續發展的空間。從郭蒂尼筆下我學會了不去對每件事都要求絕對的確定，因為那只能說明我有著一股焦躁的精神。他的智慧，讓我知道要改用一種讓人可以在衝突中找到方向，而不會陷入矛盾中無法自拔的方式，去面對無法單靠常規去解決的複雜問題。

他所提議的思考方式，讓我們得以敞開自己去接觸到聖靈，也接觸到何謂「神類辨別」。你若是不敞開心胸，就無法去明辨。我之所以對試圖以處方、等式與規則去解決所有問題的道德主義和「非我族類，其心必異」的排他主義這麼感冒，就是因為如此。跟郭蒂尼一樣，我也相信客觀的真理與夯實的原則。我對於天主教會的傳統底蘊、對其扮演人類牧羊人千百年所累積的成果、對「信仰要求理解」（*fides quaerens intellectum*）的神學思想，都心懷感激。一如由我在二〇一九年十月封聖的若望·亨利·紐曼（John Henry Newman），我也認為真理永遠存在我們以外、我們無法觸及的地方，但這樣的真理也會透過我們的良知，向我們揮手致意。那就像是一道我們正常無法透過理性去觸及的「慈光」，而只能「透過想像力、透過直接的印象、透過由事實與事件所提供的證言、透過歷史、透過描述」來與其接觸，一如他在《贊同的法則》（*Grammar of Assent*）中所述。紐曼堅信，一如我也堅信，只要我們擁抱那往往第一眼看上去是矛盾的各種真相，並信賴那道慈光對我們的導引，那我們最終就能望見那存在於我們以外的偉大真理。比起說我們能夠去吸收真理成為我們的一部分，我更傾向於認為是真理把我們吸收為它的一部分，是它不斷用美與善在吸引著我們。

這是一種與後真理的認識論大相逕庭的尋求真理之法，此法對我們的要求不是聽取證據，而是選邊站，但選邊站的意思並非要我們以固定的思考方式去排斥新的可能性，因為此法當中同時包含了兩種元素，一種叫作「贊同」，另一種叫作「持續搜尋」，而這，就是天主教會的傳統：她對聖靈保持著開放的理解與信仰，在歲月的長河中持續地獲得擴張與鞏固，而那根據的是在五世紀由萊林斯的聖文森（Saint Vincent of Lérins）所表明過的原則：「他們隨著年月而強化，隨著時間而發展，隨著年歲而深化。」[3]

所謂的傳統，並不是間博物館；真正的宗教，並不是冷凍櫃；教義不是靜態的存在，而是會隨著時間成長與發展，就像一棵看似動也不動的樹，其實也不斷在長高長大並結實累累。有人宣稱天主開口有如一錘定音，所以——幾乎以一種做出這種宣稱之人所熟知，方法與形式上的排他——永世適用。這些人一聽到「明辨」一詞，就擔心這話聽起來冠冕堂皇，但其實就是拐彎抹角想要忽視規定，或這是新世代某種想要把真理弄下神壇的詭計。但事實正好相反。明辨這概念一點也不新，反而跟天主教會的歷史一樣老。明辨出自耶穌對其門徒的承諾，亦即祂離去後，聖靈「要把你們引入一切真理」（〈若望福音〉十六章十三節）。同一時間既扎根在真理中，又對更廣大的理解敞開心胸，這兩者並不衝突。聖靈始終在做的事情，就是導引我們把福音譯入不同的環境與語境，以便耶穌的話語可以世世代代迴響在男男女女的內心。這就是何以我想引用作曲家古斯塔夫・馬勒（Gustav Mahler）說過的，「傳統不是用來儲放灰燼，而是用來保存火星」。

聖靈乃是透過教會所稱的「時代的跡象」，來對我們彰顯新的事物。明辨時代的跡象，讓我們得以去理解各種變化。在從福音的角度去解讀事件或趨勢，或是去為了這些事件或趨勢禱告之際，我們可以從中察覺到哪些變動反映了天主王國的價值，哪些又代表著與之相左的價值。

---

3 【作者註】原文是 *Ut annis consolidetur, dilatetur tempore, sublimetur aetate*，而說出這句名言的萊林斯的聖文森卒年於大約公元四五〇年，生前他是法蘭西萊林斯修道院的首席神學家。

在每個時代裡，人類都會體驗到「飢渴慕義」（〈瑪竇福音〉五章六節），那會是一股從社會邊緣爆出的吶喊。如果我們能從這種渴求中去明辨出某種天主聖靈的變動，那我們就可以在思想與行動上，讓自己對著這種變動敞開，並藉此按照天國八福的精神去創造出一個嶄新的未來。

比方說，我們所屬時代一個很悲哀的跡象是年長者受到的排擠與孤立。COVID-19的罹難者中有非常顯著的一塊，是老人安養院的住戶。他們之所以難敵病魔，不單單是因為歲月催人老，也是因為許多安養機構的環境太差：欠經費、受忽略、運作全靠流動率超高且待遇極差的員工。我在布宜諾斯艾利斯時常去這類安養院看看，院內的照顧者克服萬難，提供了令人感佩的服務。我記得有一次去，院內同仁告訴我一件事。他們說許多以安養院為家的老人家都起碼半年沒有親戚來探視了。棄長者於不顧是天大地大的不公不義。

《聖經》告訴過我們，長輩是我們的根、我們的源，是拉拔過我們長大的人。先知岳厄爾聽聞天主承諾要盡顯他的聖靈，來讓他的子民煥然一新：「你們的兒子們和你們的女兒們要說預言，你們的老人要看夢境。」（〈岳厄爾書〉二章二十八節）。未來，將誕生在年輕與年長者的交會點上。一如阿根廷詩人法蘭斯柯・路易斯・巴納德斯（Francisco Luis Bernárdez）所言：「一切到了最後我總算明瞭／在那樹梢上開著花的／是從埋在土壤者而生。」[4]一棵失了根的樹，既開不了花，也結不了果，其唯一的下場就是乾枯。所以我們在此有系出同門的兩個弊病：一個是長者在被剝奪了年輕時的視野後，遭到拋棄；二是年輕人在被剝奪了年長者有過的夢想後，變得貧瘠。至於最後的結果，就是社會這棵大樹乾枯，既開不了花，也結不出果，只剩一片死寂。

從福音書與我們天主教社會訓導原則——團結、輔助、愛貧為先、普世共享——的角度觀之，我們很難不覺得有必要窮盡一切力量去敉平那道代溝，以便讓不同的世代之間可以接觸到彼此。我們該如何去歡迎長輩回到家庭中，恢復他

---

4 【作者註】Francisco Luis Bernárdez, "Sonetc," from *Cielo de tierra*（Earth Sky）, 1937.

們與年輕人之間的接觸呢？我們該如何讓年輕人找回根源，好讓他們可以像〈岳厄爾書〉中說的去預言，也就是去開闢出自身的成長空間呢？這時候能派上用場的，就是明辨。這對我與我的家庭代表什麼意義？這對我們的公共政策代表什麼意義？同樣的思考，我們也可以用在那些被剝奪了教育機會而無法就業，許多因此陷入吸毒的悲哀而無法自拔的年輕人身上。

我們可能會感到聖靈在催促著我們去找出身邊的孤獨長輩，然後共同設法用友誼去給予他們安慰。或者我會希望確保安養院都能盡量像個人家庭一樣，預算充足且深耕於社區。更深一點，我們可能會思考到這世界怎麼會來到這步田地，怎麼會讓來自工作與養家的壓力使得年輕一輩紛紛相信，他們沒有能力把長輩留在身邊頤養天年。

我們看見現實，明辨，然後我們會發現那當中有來自天主的指示。我們並不宣稱手握一切的答案，但在套用了福音的標準後，在察覺到聖靈的催促後，明辨會讓我們得以聽見天主的邀約並從善如流。我們的生命將因此變得更為豐富，也更具備預言的能力，由此我們將得以用只有聖靈能給予我們的深度，去因應世事。

世事的變遷，在COVID-19病毒的加速下，正好給了我們一個絕佳的機會去讀取時代的跡象。一邊是我們面對的現實與挑戰，一邊是我們手裡有的藥方與解決之道，這兩者之間冒出了一道裂隙，而這道裂隙，正是我們應該要去反思、去質疑、去對話的所在。

比方說，我們可以去思考這兩者之間的距離：一邊是我們要去保護地球母親，讓她得以重生的需求，另一邊則是不惜一切代價把追求成長當成首要目標的經濟模型。

當然，地球上的某些區域——開發程度嚴重偏低的地區，或是經歷過戰火摧殘而百廢待舉的國家——會需要為了滿足民眾的基本需求而設法讓其經濟快速成長。但在地表上較為富裕的其他區塊，對經濟成長永無止境的執著已不再是一股穩定的力量，那反而造成了貧富差距的顯著惡化，還有自然界的嚴重失衡。生產力與消費的無限擴張，其底層是一種「人定勝天」，人為萬物之主的概念，但擴張造成的環境災難，早已打破了這種概念與其背後的一宗宗假設。我們是天主造物的一部分；萬物並不歸我們所有：甚至於在某種程度上，我們反而歸萬物所有；我們無法脫離萬物而獨活。這場危機，這回人與萬物的決裂，正好標記了我們身處的這個時代。

COVID-19在打破平靜之餘，也翻轉了局面，對我們發出了各種邀請——它要我們住手，要我們調整我們的日常與優先順序，並且它對我們提出了一個問題：會不會我們所面對的經濟、社會與生態挑戰，其實都只是同一場危機的不同面向？會不會這些挑戰有著同一個答案？會不會我們把追求的目標從經濟成長換成人際關係的革新，反而可以創造出條件與空間，讓我們擁有一種前所未見、可以在地球能力範圍內滿足所有人需求的經濟模式？

明辨這一步驟，是讓我們捫心自問：聖靈想告訴我們什麼？放在我們面前，等著我們去擁抱的恩典是什麼？擋在我們面前的阻礙與誘惑又是什麼？什麼東西讓我們更像個人，什麼東西又磨滅了我們的人性？塞翁失馬焉知非福的消息是什麼？散發著天使之光的惡靈又現身於何處？這些問題在殷殷期盼的，是那些謙遜地在尋求與傾聽的人，是那些不想一把抓起答案，而樂於在過程中去思考與祈禱的人。

面對那些宣稱看著未來而覺得十分清晰、十分篤定的人，我們就要小心了。每當危機降臨，「偽彌賽亞」總是會悄然來到，而這些人會忽視人有為自己打造未來的自由，也會封閉起自己，假裝沒看到天主以行動進入了祂子民之生命與歷史中。天主的身影，就在開放心胸的單純素樸中，也在那些願意在雲破天開前稍待片刻的耐心之中。

能明辨什麼屬於天主，什麼又不屬於天主，我們就跨出了知道該在何處採取何種行動的第一步。一朝發現天主的慈恩正在滿溢，我們就能打開大門，與每一位心懷善念之人攜手推動必要的改變。

我們要如何去明辨不同的神類呢？首先他們操持的是不同的語言；他們使用不同的方式去觸及我們的內心。天主的聲音從不發號施令，而只是給我們建議，反之天主之敵卻總是疾言厲色、千篇一律地堅持著什麼。天主或許會開口指正我們，但那種溫柔的風行草偃會給我們不間斷的鼓勵、慰藉，以及希望。反之惡靈用絢麗的幻象與誘人的異象蒙蔽我們的目光，但那些都如白雲蒼狗稍縱即逝。惡靈利用的，是我們的恐懼與猜忌，牠藉以誘惑我們的，是名利。我們若不搭理牠，牠便會用鄙視與指控的口氣對我們大加撻伐，牠會告訴我們：你一文不值。

仇敵的聲音會讓我們分心，讓我們忘記了當下的狀況，讓我們滿心都是對未來的恐懼與對過往的哀傷。相對之下，天主的聲音會論及此時此地，會幫助我們從這個當下往前邁進。出自天主的話語會問：「什麼事情於我有所裨益？什麼於我們大家有所裨益？」

天主的聲音會將你的地平線開啟，而其仇敵則會將你釘上牆壁。善靈若予你以希望，惡靈便會把猜疑、焦慮與相互指控的種子播下。善靈會訴諸我行善的欲望，去助人與服務的欲望，並給我向前踏上公義之路的力量。惡靈，相反地，則會讓我四面楚歌，讓我坐困名為自身的愁城，讓我失去柔軟的內心與處世的包容力。那是一種恐懼與怨憤的念想，那會讓我陷入悲傷、害怕與驚惶。相對於讓我得到解放，那會讓我落得被奴役的下場。相對於為我打開通往現在與未來的門窗，那會讓我遭到恐懼與絕望的綑綁。

學會去辨別這兩種「聲音」的不一樣，能讓我們選出正確的道路前進，要知道正確的道路並非永遠都是最明顯的那一條。另外那也能讓我們避免在困於過往的傷害跟對未來懷有恐懼時做下決定，因為舊傷與恐懼會讓我們動彈不得。

所謂的跡象，就是能突出於背景而打中我們的東西，而這場危機中一個帶給人希望的跡象，就是跳出來領導我們的女性。

女性在這場危機中既是受創最深的一群，也是韌性最強的一群。受創最深，是因為她們比誰都更有可能在抗疫的第一線現身——全球約七成的醫療人員是女性——但也是因為她們在經濟上受到更深的打擊，畢竟許多女性都身處於非常規或無償的經濟部門當中（如家庭）。

由女性擔任總統或總理的國家，整體來說對疫情有著更適切也更迅捷的反應，她們不但當機立斷，而且也在與民眾溝通政策時展現了更多的同理。

這個跡象，在邀請我們進行什麼樣的思考呢？聖靈想要告訴我們的，是什麼呢？

我想到了福音中的女性在耶穌死後所展現的力量。她們沒有因為悲劇而癱瘓，也沒有選擇逃離。出於對上主的愛，她們前往耶穌墳前去為祂塗膏油。就像許多在現今疫情中的女性一樣，她們保持著自己的堅強，面對眼前的障礙找到了空檔，然後為家庭與社區守住了希望。正因為她們前去抹膏油，所以她們也首先得知了驚天的消息：「他不在這裡，因為他已經照他所說的復活了。」（〈瑪竇福音〉二十八章六節）天主首先把新生命宣告給女性，是因為她們在場、因為她們心無旁騖，也因為她們不排斥新的可能性。

會不會在我們的危機中，女性視角也正是面對種種迫切挑戰的世界所需？

會不會聖靈在督促著我們去體認、重視與接納某些女性正帶給我們的嶄新思維？

我尤其想到的是那些思想不落俗套的女性經濟學者，她們的主張在這場危機中顯得尤為值得人深思。她們呼籲我們要總體檢一下現行用來管理經濟體的各種模型，而這一點也已喚醒了不少人注意。她們這樣的觀點，是誕生自其面對「真實」經濟時的實務經驗，她們說那些經濟現場的實況，讓她們赫然發現了教科書中那些標準經濟學的不足。女性學者往往是在她們得兼顧無償或非正式的勞動中，比方說生育或持家，並同時從事高階學術研究的過程中，體會到了起碼過去七十年來，主流經濟模型的種種缺失。

我無意只因為她們都是女性，就把她們都歸為同一種人。她們每個人都有自己的模樣，也肯定會在許多事情上有截然不同的想法。但我必須說我很驚異於這些具有影響力的女性經濟學者，會異口同聲地把焦點集中在長年遭到主流思想冷落的領域上，包括對天主造物與對窮苦弱勢的照顧，包括無法貨幣化的倫常與公部門的價值，也包括公民社會在財富創造上的貢獻與功勞。我眼看著她們倡議一個更具有「母性」的經濟形態，一種不單單只著眼成長與獲利，而是同時質問著經濟體可以如何經過調教而變得更加有助於民眾去參與社會，並藉此繁榮興旺。她們所倡導的，是一種可以照養、可以保護、可以創生的經濟，而不是一種只會節制與仲裁的經濟。這樣的理念，長年被貼上理想化與不切實際的標籤而棄如敝屣，如今看來卻是高瞻遠矚，並與我們息息相關[5]。

瑪里亞娜．馬祖卡托的《萬物的價值》一書，讓我看了百感交集。我沒有想到的是許多被現今經濟思想奉為圭臬、被塑造成是個人努力或天縱英才所致的成功企業故事，其實本體是巨額公共投資在科研與教育上的成果。但最終收割巨大獲利的卻是企業股東，而政府反而被認為拖累了市場而遭到嫌棄。另外像牛津大學的經濟學者凱特．拉沃斯也論及所謂的「甜甜圈經濟學」：如何創造一種雨露均霑、再生循環式的經濟來協助人脫離甜甜圈中央那個基本需求的「破洞」，但又能同時不觸及甜甜圈最外層那些造成環境破壞的「天花板」。如同馬祖卡托，她也挑戰了主流文化中，經濟學者與政治領袖把國內生產毛額（GDP）視為唯一至高追求的無腦迷思。當然我還可以舉出其他人，但這兩位之所以讓我印象格外深刻，是因為她們對梵諦岡有關後COVID-19未來的思考做出了各種貢獻。

我所關心的不是如何去評價她們的經濟理論——我不敢班門弄斧——我所關心的是如何去評價其理論形成背後的心路歷程。我看著許多觀念形成於她們對於社會邊緣的實際體驗，而那反映的是一種面對醜惡貧富差距而感受到的憂慮，須

5【作者註】凱特・拉沃斯（Kate Raworth），著有《甜甜圈經濟學》（*Doughnut Economics: 7 Ways to Think Like a 21st-Century Economist*）（London: Penguin Random House, 2017），與瑪里亞娜・馬祖卡托（Mariana Mazzucato），著有《萬物的價值》（*The Value of Everything: Making & Taking in the Global Economy*）（London: Penguin Random House, 2019），連同另外三位女性經濟學者，共同在《富比士》雜誌的一篇文章裡被描述為「為所屬領域帶來了革命」。見Avivah Wittenberg-Cox, "5 Economists Redefining...Everything. Oh Yes, and They're Women," *Forbes*（forbes.com），May 31, 2020。另外一名深具影響力的女性經濟學者，亞麗桑德拉・斯梅里利（Alessandra Smerilli）教授（修女）有另外一個身分，是梵諦岡後COVID-19疫情委員會的成員。

知在數十億人面對著極端剝奪感的同時，金字塔頂端的富人則坐擁舉世半數的金融資產。我看著她們關注到人類的脆弱之處；她們的一種渴望是想要保護自然世界，讓汙染成為一種不可以在資產負債表上打迷糊仗的成本。我看著她們希望各經濟體可以讓所有有能力的人都順利就業，並把更高的地位賦予那些不僅能為股東創造收入，更能為廣大社會創造價值的努力。她們的思想在我看來不是一種意識形態，而是已經超越了極化的自由市場資本主義或國家社會主義，其核心所著眼的是如何讓全人類都能獲得土地權、居住權與工作權的滿足。而這一切的一切都呼應著《聖經》中福音的優先順序，也呼應了天主教社會訓導中的各項原則。這麼一來，我們便很合理地應該視這種由女性經濟學者發動的「再思考」為一種我們應該要加以關注的時代跡象。

明辨的態度，還隱含我們意識到了誘惑的存在，因為這些誘惑會讓我們分心，讓我們錯失了聖靈傳遞的訊息，讓我們朝著死胡同裡走去。這些誘惑一個很大的破綻，就是它們的毫無彈性與千篇一律。但凡有聖靈在場，你一定可以看到一種朝著「合而為一」（*versus in unum*）、朝著團結在進行的變動，但團結不等於整齊劃一。聖靈永遠會保存不同團體與觀點的正當多元性，並尋求透過調解來達到求同存異。由此若是哪個團體或個人堅持他們對於某種跡象的解讀才是唯一正確的解讀，那我們就應該要有所警覺。

比方說，僵固的思考作為一種誘惑，為的是將人簡化為他們的功能。功能主義的一種謬誤，在於相信為了把女性視角整合進來，就一定要指派更多女性到行政的官職上，因為他們相信只有女性獲得了更大的「權力」後，她們的觀點才能占有一席之地。但即便女性的貢獻順便挑戰了我們對權力的設想，也未必代表女性領導者就能改變組織的文化。而這一點並無關乎她們可能擔任的特定職位。當然我完全同意有能力的女性應該有平等的管道去掌握權力，應該與男性同工同酬，也應該獲得其他相同的機會；兩性平權始終是現代社會的一大進展。但我們也該想想有沒有什麼其他的辦法可以讓女性視角去挑戰固有的成見。

而這，也始終是讓我在羅馬念茲在茲的一點：如何更有效率地把女性的存在與感性融合進梵諦岡的各項決策過程。我一路以來面臨的挑戰包括如何創造更多空間來讓女性掌權，而且那得以一種她們有辦法塑造組織文化的方式去進行，確保她們受到重視、尊敬與承認。我所派任的女性之所以獲得青睞，固然是因為她們的能力與經驗，但也是出於一種我希望她們能去影響天主教會，讓教會官僚的視野與心境獲得改變的期許。在許多案例中，我邀請了女性去成為梵諦岡各單位的顧問，以便她們能一方面對梵諦岡發揮影響力，一方面保存她們不受梵諦岡影響的獨立性。改變組織文化是一個有機的過程，那需要我們將女性觀點融入進來，但在過程中要避免女性觀點被神職主義同化[6]。

這段時間以來，梵諦岡有好些重要職位由女性出任。比方說在教廷的平信徒暨家庭與生命部[7]中，我們的兩名中堅幹部——負責推動該部事務的部門主管——都是女性。梵諦岡博物館也有位女館長。不過認真說起來，女性職級最高的單位還是教廷的國務院，因為在那兒主掌對外關係的外交部次長，現在是一位女性，其責任包括為教廷處理與聯合國及歐洲議會等跨國組織的關係[8]。

經我指派而擔任要職的女性還不只如此，但因為早先我都是一個一個、經年累月地慢慢派任，所以沒有引起外界太大的關注。二〇二〇年我是一口氣提名了六位女性進入教廷的經濟委員會[9]任職，所以才上了新聞。在這個替教廷管理財政並擬定金融政策的機構中，一共有七名樞機主教與七名平信徒，其中七名平信徒成員中就驚人地有六名是女性。

---

6 【作者註】梵諦岡所有的政府部會（dicastery）中都有由教宗任命的顧問。這些顧問會定期在羅馬集會來提出建言，讓外界的觀點可以被納入教廷的決策過程。方濟各開歷代教宗之先，提名了三名女性顧問進入神聖信仰教理部（Congregation for the Doctrine of the Faith）以及兩名女性顧問進入聖座禮儀與聖事部（Congregation for Divine Worship and the Discipline of the Sacraments），而這也使得在教廷最重要的這兩個負責教義與儀典的部會中，女性的聲音都不至於被淹沒。

7 Dicastery for Laity, Family and Life.

8 【作者註】教宗方濟各在此所指的是教廷國務院中由外交部長所統籌，相當於一般國家外交部的部門。教廷外交部長之下有兩名次長，一名統轄天主教會所有外交人員的作業，另一名則負責統籌教廷與跨國性組織之間的關係。法蘭契絲卡・迪・喬凡尼（Francesca Di Giovanni）是第一名出任後者一職的女性。

9 Council for the Economy

我選用了這幾名特定的女性人才，固然是念及她們的專業，但也是因為我認為女性普遍是比男性更好的政府人才。她們更加理解實際的流程，也明白如何具體推動計畫的進展。在上述的案例裡，她們不僅擁有我們需要的專業與背景——這點當然許多男性也不遜色——更擁有身為母親、「主婦」與論壇成員，以各種方式籌謀日常生活的個人經驗。

形容女性為「主婦」，往往被認為帶有一絲貶意，事實上某些人這麼說，還真確有此意。但在西班牙文裡，*ama de casa*（一家的女主人）帶有希臘文中*oikos*（家）與*nomos*（規矩、法則）的意思，而這兩個希臘文結合起來，就有了英文裡的economics，這既是指經濟學，也是指持家的藝術。持家可不是簡單的事情：你必須要分身有術，必須要平衡各種利益，必須要有處事的彈性，還得懂得把錢花在刀口上，錙銖必較。主婦必須要通曉三種語言：腦的語言、心的語言、手的語言。

在我於不同教會單位牧靈的經驗中，某些最鋒利的建議，都來自於能從不同角度看事情的女性，這些女性非常腳踏實地，對世事的運作與人的局限與潛能，也都有非常實際的體悟。在成為教宗之前，我曾在布宜諾斯艾利斯總主教的任上請女性擔任過財務總監、教區秘書長，以及教區檔案處長。我發現不論在牧靈與行政的委員會中，這些女性的建言都遠比許多男性的意見更寶貴。

我想加以澄清的一點是女性在天主教會中日漸重要的地位，並不是看梵諦岡的顏面，同時也並未局限於特定的角色扮演。或許由於司鐸階層變質形成的神職主義，所以許多人誤以為天主教會的領導階層清一色是男性。但你只消走一趟哪怕任何一處天主教區，都能目睹女性在掌管天主教會之下的部門、學校、醫院與各種組織和計畫；在某些地區，你會發現女性領袖的人數多於男性。在亞馬遜雨林，女性不分平教徒與修女，都有人經營著教會的社群。只因為她們不是司鐸（神父），就不當她們是真正的領導者，就是一種對她們有所不敬的神職主義。

想實現夢想中的未來，我們就必須把四海一家的精神置於個人主義之前，來作為我們組織教會的大原則。四海一家作為一種我們屬於彼此、也屬於全體人類這個大家庭的大同精神，會賦予我們器量團結起來，好為了在地平線上那共有的可能性一起努力。在耶穌會的傳統中，我們稱呼這是*unión de ánimos*，心與意的團結。靠著這種團結，我們將可以超越觀點的不同、物理上的間隔，還有人類的自我意識，凝聚成一個整體來發揮功能。這樣的團結仍會保存並尊重當中的多元性質，仍會邀請所有人去貢獻他們的獨特性。這會是個彼此關懷、大家都是兄弟姊妹的社群。

我們亟需這樣的團結。疫情已經暴露出一種弔詭的狀況：現在的我們一方面有著前所未見的交通與通訊技術，但一方面又顯得無比的疏離。陷入狂熱的消費主義，擊碎了各種相互屬於的人情羈絆。我們滿心只知道維護自己的生存與利益，為此我們顯得無比焦慮。我們不斷加深的恐懼遭到了特定民粹政客利用來奪取對社會的控制力。在一個東西用完即扔的文化裡，在一個年邁、失業、殘障與未出生者被視為是一種累贅，得排在我們自身幸福之後的狀態下，我們很難去打造一個相逢即是有緣、榮辱與共地活在這世界上的人本文化。這就是何以我近來受到亞西西的方濟各[10]之啟發，寫了一封致全球所有善良人類的公開信，我懷抱的希望是重燃眾人對四海一家的希冀[11]。

在討論我們要如何克服社會上的撕裂與隔閡來建立和平與公益之前，我們得先思考一下何謂「孤立的良知」，因為這構成了想將人的心與意團結起來時的一大障礙。也許如果我闡述一下這一切在天主教會中如何運作，眾人也能舉一反三其在外界的其他組織與廣大社會中可以如何獲得應用。

不論我們所檢視的是哪一個領域，很重要的一點都是要了解一種想讓我們在精神上從所屬的聖體中抽離的惡靈誘惑，以及那誘惑具備什麼樣的效應，須知那種誘惑會透過懷疑與猜測，將我們狹隘地圍困在自身的利益與觀點中。我們必須了解，到了最終，這種誘惑會如何讓我們變質成四面楚歌、怨聲不斷的自我，只

10　Saint Francis of Assisi。天主教聖人，方濟會創始者。

11　【作者註】教宗方濟各在二〇二〇年十月三日簽署了名為*Fratelli Tutti*（世人皆為姊妹兄弟）的通諭。

會看不起別人，只會堅信唯有我們知悉真理[12]。

在天主教會的歷史上，始終都存在最終淪入異端邪說的團體，而他們會有此下場，皆是因為前述的誘惑讓他們心高氣傲，讓他們自認高於基督的聖體。在我們所處的現代，自從梵諦岡第二屆大公會議（Second Vatican Council, 1962-1965）以來，我們歷經了各種革命性的意識形態在前、復原主義[13]在後。在所有案例中，標註它們的都是一種僵固。僵固是惡靈在隱瞞著什麼的象徵。至於那被隱瞞的究竟是什麼，短時間內我們或許不得而知，而得等到有某樁醜事爆發後方可真相大白。我們近年來已經看過不少天主教團體——幾乎千篇一律帶著僵固與威權主義色彩的各種運動——最終都落入這種窠臼。領袖與其他成員以教義或教會的恢復者自居，但隨著他們的生平慢慢為我們所悉，我們卻發現這些人說一套做一套，表裡不一。在每一個尋求要把意識形態強加在天主教會之上的團體身後，你都能看到同一種僵固或執拗。世間會爆出更多牽扯到性、金錢或心靈控制的驚天醜聞，只是遲早的事情。

以這些運動為幌子，其參與者真正的用心是想緊抓著他害怕失去的身外之物，那些他用來滿足自我的的東西：權力、影響力、為所欲為的自由、安全感、身分地位、金錢、財產，或是以上這些東西的某種排列組合。擔心失去聖依納爵．羅耀拉所稱的「後天財產」，會讓人更加緊緊抓住這些東西，以至於當我被點名要站出來成為更崇高之事的一員時，懷疑與猜測的惡靈就會跳出來咬耳朵，讓我有理由躊躇不前，也讓我隱瞞自己對後天財產的無法割捨，並同時搬出他人的錯誤來合理化這些放不下的心情。一天天過去，我會開始擁抱這些「理由」來理直氣壯地縮起自己，會開始讓心變硬，開始跟這些歪理交心，最終讓這些所謂

---

12 【作者註】孤立的良知（isolated conscience）一詞出現在《福音的喜樂》（*Evangelii Gaudium; The Joy of the Gospel*）前言第二段（#2）的第一行中。《福音的喜樂》為方濟各就任教宗後第一份重大文件。在梵諦岡的英文譯本中，孤立的良知被誤譯為「麻木的良知」（blunted conscience）。

13 Restorationism。復原主義，亦稱基督教原始主義，他們相信基督信仰必須回歸到被稱為早期使徒教會的純正源流上。

的理由變成一種意識形態[14]。

由此，在內含孤立良知的天主教徒之間，他們永遠不會找不到理由去批判教會、主教，或是教宗：要麼我們跟不上時代，要麼我們面對現代社會投了降；他們會說我們不再是我們應該要有的樣子，或我們理論上曾經是的樣子。透過這種方式，他們讓自己從天主子民的向前行進隊伍中抽腿，在那種自絕於其外的行為中，獲得了辯解。相對於與聖體結合、投身將福音傳至全世界的偉大任務，他們選擇繼續窩在「他們的」純粹主義，或是所謂真理守護者的群體中。對於那些被孤立良知所圍困的自我來說，他們永遠不會找不到理由作壁上觀，眼睜睜看著真實人生從陽台下經過。

就這樣，分裂的種子由此播下。原本應該對人持有的慈善與開放之心，不見了，取而代之的是一種緊握在他們手中、自認理念高人一等的倨傲。團結的基底開始鬆動，只因為各方為了樹立理念的霸權而陷入了派系混戰。高舉著復原主義或改革的大纛，這些人會滔滔不絕長篇大論地提出教義的釐清或各種宣言，但其內容所反映的不過是對其所屬小團體的執迷。在此同時，由天主召喚到一起的人兒會依循耶穌的足跡前進，他們並非對教會的錯誤視而不見，而是樂於成為聖體的一部分，坦承不諱自身的罪孽，並且祈求憐憫。天主的子民知曉自身的錯誤與罪孽，並有能力請求原諒，因為他們知道自己是一支曾被展現過慈悲的民族。

這些錯誤與短處，眾所周知。有些人是因為有過痛苦的經驗，由此他們對天主教會的不信任可以理解。我在此的擔憂是圍繞著一種精神心境，須知這種心境一面展現出一種認為教會禍起蕭牆，必須由內部獲得拯救的傲慢，一面視天主教

14【作者註】「後天財產」（Acquired fortune; *cosa adquisita*）出現在羅耀拉之《聖依納爵神操》（*Spiritual Exercises of Saint Ignatius of Loyola*）第一百五十段（#150）。其中名為「三種人」（three classes）的操練旨在協助人體認到在會限縮精神自由的那種自我開脫中，有著什麼樣無意識的機制在運作。聖依納爵想像有三個人「各自獲得了一萬枚杜卡特（ducat，歐洲從中世紀後期起作為流通貨幣使用的金幣或銀幣），但這些錢幣的取得都不純粹，也不符合敬愛天主的人所應為。所以因為想獲得拯救，也因為想與我們的天主講和，他們都想擺脫這副重擔，都想擺脫對後天財產的依戀，還有藏於那種依戀中，對獲得拯救跟對與天主講和所造成的阻礙」。

會為一種宛若公司的存在，彷彿其持股者都可以要求撤換管理層的股東態度。這是一種精神的世俗化。那些指控教會內部「一團混亂」，還說只有這群或那群純粹主義或傳統主義者值得信任的傢伙，都是在散播分裂聖體的種子。而這，也是一種精神的世俗化。同屬這種狀況的，還有那群宣稱在教會讓女性擔任神職來證明其性別平權之心前，地方教區與主教無法與教會在這件事情上同心同德。表面上，他們的這些理由都冠冕堂皇且沒有矛盾之處，但其背後正藏著名為「孤立良知」的精神，也就是一種拒絕以基督門徒身分在祂的教會中行事的態度。

耶穌創立教會，並非將其視為一純淨的堡壘，也不是要讓英雄與聖人在此川流不息，宛若終年不變的遊行——雖然感謝天主我們並不缺這兩種人。教會於耶穌而言要更加充滿動力：一間改信的學校，一個進行精神戰鬥與明辨的處所，一方恩典如同罪孽與誘惑，都滿溢其中的空間。如同其成員，教會也可以是天主賜予慈悲的工具，因為教會需要那樣的慈悲。一如我們沒有人應該因為誰的罪孽與失敗而去排斥某人，反倒應該助他們一臂之力，讓他們成為其命定該成為的模樣，基督的追隨者也應該珍愛並傾聽教會，將她建立起來，為她擔負責任，也為她承擔罪孽與失敗。在那些教會顯示出她脆弱與有罪一面的瞬間，且讓我們助她重新站起，讓我們不要譴責她、蔑視她，而要照顧她，就像照顧我們的母親一樣。

孤立的良知覺得難以用慈悲去對待別人，只因它起碼在實際作為上排斥著這種慈悲。《聖經》中至為典型的孤立自我，莫過於先知約納。天主派遣約納去尼尼微[15]，代祂邀請那裡的人懺悔，但約納對此完全不領情，反倒是逃往了他施[16]。但事實上約納所逃離的，是天主賜予尼尼微的悲憫，只因為那悲憫不符合他的計畫與想法。對約納而言，天主來過一趟，頒授了律法，然後「一切就交給我了」，約納如是對自己說。在約納心目中，被天主所救的是他，而不是尼尼微；真理屬於他，而不屬於尼尼微；這事應當他說了算，而不是天主說了算。他在靈

15　Nineveh。
16　Tarshish。

魂周遭豎起了圍籬，而上頭滿布的鐵絲網，就是他心中的不確定。這道圍籬將世界一分為二，一邊是善，一邊是惡，並封鎖住通往天主所謂的大門。遭到圍困的孤立之心一旦接觸到天主的悲憫，竟能變得如鐵石之硬！

但今日令人遺憾地，很多人的作為都與軟化前的約納無異。他們身處於被圍困的自我圍籬中，滿是怨言與不屑，並總因為覺得自己的身分受到威脅而與人四處開戰——包括在網路上與當著人的面——只為了多求得一些心安。

孤立的良知能在精神上與心理上惡化得如此之快，讓人看著怵目驚心。再讓這群孤立之心從天主子民的身體裡脫離出去後，惡魔會繼續把各種謬誤與似是而非的說法餵給這些人吃，讓這些人困在他們各自的他施城中，也困在他們的自以為正義中，永遠走不出來（惡魔不光會用謊言誘惑我們。似是而非的虛實混雜——也就是其精神根基遭到刨除的真理——之所以能夠管用，是因為這些半真半假之物造成我們彼此溝通的阻礙）。這些人最終會捨教義而取意識形態，他們的懷疑與推測會領著他們進入陰謀論的領域，讓他們無論看什麼都隔著一層扭曲的透鏡。就這樣陷入屬於自我的孤城中後，孤立的良知會變得囫圇吞棗，不要求出示證據就接受許多奇思妄想。

比方說二〇一九年十月在舉辦於羅馬、以亞馬遜雨林為題的世界主教會議上，天主教會中的若干團體與他們的媒體就透過持續受到扭曲的濾鏡，報導了原住民的出席。那場主教會議原有的美麗之處——我們對原住民文化的深刻尊重與祈禱會上原住民族出席的身影——都扭曲在那些歇斯底里的異教主義[17]或融合主義[18]指控裡。雖然我們在主教會議廳內幾乎沒有感覺，但廳外的紛紛擾擾卻未曾少過。孤立良知的憤恨始於以假亂真之源頭，途經將世界分割成非善即惡的摩尼教幻想中（當然摩尼教本身永遠是正義的一方），最終結束於語言暴力、肢體暴力，乃至於各式各樣的暴力之中。

17　Paganism，主張非基督宗教信仰之觀點。

18　Syncretism，主張將不同宗教間進行融合的觀點，亦稱綜攝或折衷主義。

對於遭圍困之自我所具有的孤立良知，並沒有疫苗可以接種，但解藥倒是存在一種。這種解藥唾手可得，而且除了要放下一點驕傲以外不花你一毛錢。「自我控訴」作為一種很簡單的概念，是由六世紀一名沙漠僧侶「加薩的多羅瑟斯[19]」所訂下，而多羅瑟斯所引用的智慧源自沙漠教父[20]，主要是沙漠教父讓我們看到了天主不會留我們單獨去面對誘惑。在指控我們自身的時候，我們「放下」了自我，騰出了空間讓天主採取行動來團結我們。如果說孤立的良知源自於對他人的指控，那團結就是自我指控所結出的果實。相對以自滿與傲慢之態度替自己辯護開脫，自我指控所表達的是耶穌在《天國八福》中所稱「心靈上的貧困」，也就是虛懷若谷。祂在〈路加福音〉十八章九到十四節，做過一個謙遜稅吏與高傲法利賽人的對比，當中的稅吏遠遠地站著，連舉目望天也不敢、捶胸禱告說，「天主，可憐我這個罪人罷！」而仗著自己是義人的法利賽人——只是挺立感謝天主的見識與他人不同——卻無法虛心祈禱。

這種「放下身段」之舉，學習的是天主的話語如何紆尊降貴，如何使用我們能適應的語言來靠近我們——這種天主的謙遜用希臘原文說是*synkatabasis*，具有屈尊及與人同行之意。至於我們這種坦承自身錯誤的謙虛，為的不是要懲罰自己——否則我們就又犯了自作主張的錯誤——而是為了體認自身對天主的依賴與對其恩典的需求。相對於拿他人的失敗與局限去指摘他人，我會檢討自身的錯誤與態度，然後我會求助於我的造物者與天主，請祂賜予我向前走所需要的恩典，也讓我有信心祂是愛我的、看顧我的。與其封鎖自我並將天主擋在外頭，我會敞開大門，讓祂能夠在我身上、在我的裡裡外外做功，因為天主從來不會強壓我們的意志自由；祂必須要由我們邀請進入。而我發現當天主受邀到我體內做功後，我便不會再繼續對兄弟姊妹吹毛求疵，而會覺得他們也跟我一樣，也在掙扎，也需要幫忙，而我便會主動對他們伸出援手。

---

19 Dorotheus of Gaza, 505-565（或620）.

20 Desert Fathers，沙漠教父是早期的基督教隱士、苦修者和僧侶，他們從公元三世紀左右開始生活在埃及的沙漠中。

懷著對天主恩慈的信心去自我指控，我們便能揭穿惡靈，讓惡靈失去立足之地。離間我們的往往不是不同的看法或意見，而是藏身在這些看法或意見背後的惡靈，而持續掩護惡靈的，則是由指控與反控所構成，冤冤相報無時了的循環。若說拆散我跟我兄弟姊妹的是我（和他們的）自滿與自視甚高之心，那團結我們的就是我們共有的不足與謙遜，就是我們共同對天主與對彼此的依賴。我們早已不是競爭對手，而是同一個大家庭裡的骨肉手足。我們可以針鋒相對，可以意見不同，但我們已不再會陷入互存敵意的惡性螺旋中。我們想法不會一致，但那並不妨礙我們共組聖體，並朝同一個方向邁進。

若約納是孤立良知的象徵，那稅吏長匝凱（〈路加福音〉十九章一到十節）就完美地詮釋了什麼樣的人會放棄孤立。匝凱原本是以民脂民膏為生的稅吏，但當耶穌來到他的鎮上時，匝凱爬上了一棵野桑樹，順利望見了他；他內心有一股欲望想要擺脫他在孤立良知的誤導下所身處的冷漠孤獨。耶穌把這名稅吏長從他的心高氣傲中喚了下來，讓他重新加入了百姓的行列，而匝凱也承諾要交出他的財富，作為施捨或賠償。他接受了恩典，也為恩典所改變。他重獲了自由可以去打造新的未來，可以跟著其他人一起從基層出發，帶著耐心展開將傲慢銷毀殆盡的奮鬥與掙扎。

指控他人，是對天主的無視；指控自我，則是將我們向祂敞開。在天主之前，我們沒有誰清白無辜，我們全都是在體認並懺悔了自己的罪孽，並為所犯的錯誤感到羞愧之後，才獲得了原諒。在悔悟並獲得赦罪後，我們便可恢復自由之身，免於再將對手視為仇敵。孤立良知若是一種病毒，那自我控訴就是讓人獲得免疫的抗體；若在天主面前虛懷若谷是一把鑰匙，那被鎖在門後等著釋放的，就是四海一家的友愛精神與人類社會的寧靜祥和。

別讓自己認為別人對你行出的不義，將站在邊緣的你推落孤立良知的深淵。如多羅瑟斯所言，「懷疑與推測裡滿是惡意，且會讓人的靈魂不得安寧」[21]。

---

21 【作者註】Saint Dorotheus of Gaza, "Sobre la acusación de sí mismo," no. 100, in Jorge Mario Bergoglio, *Reflexiones espirituales sobre la vida apostólica* (Bilbao: Mensajero, 2013), p. 137.

由於公眾領域已愈來愈成為遭圍困之自我的天下——這些自我的特色包括焦慮、有控制狂、攻擊性一觸即發、愛替自己找理由——由此我們的社會正暴露在變得益發分裂而破碎的風險之中。天主教會也無法自外於這種疫病。在這種部落主義與分裂主義的脈絡下，我們要如何行動、如何應對呢？須知我們的政壇、社會與媒體，時不時都會看起來像是場比誰嗓門更大的馬拉松比賽，期間相互為敵的各方都會尋求在一場權力遊戲中讓對方「變啞巴」。在這種狀況下，我們該如何自處呢？愈演愈烈的語言暴力，反映的是自我變得脆弱，是一種失根，由此我們只能尋求安全感，只能透過對他人的詆毀、透過論述讓我們覺得自己是正義的一方，讓我們感覺有正當性叫別人閉嘴。在公眾文化中，誠摯對話的消失讓我們更難建立起共同的視野，更難朝著共同的地平線攜手同行。

隨著極化造成的癱瘓瀰漫開來，我們的公眾生活變成僅僅是派系之間在爭霸的口水戰。在二〇一五年對美國國會發表的演說中，我特別強調了這種將一切簡化為非黑即白、非善即惡、不是義人就是罪人的心態，是何等的誘惑——那也就是我稍早提到過的約納症候群。我在美國國會上說：「現代的世界，伴隨著許多影響我們眾多兄弟姊妹的開放傷口，由此我們有責任擋在每一種極端化逆流的前方，避免它將世界分成兩個陣營。我們都知道為了從外在敵人的手中獲得解放，我們一不小心就會受到誘惑，把內在的敵人養大。」[22]

我提到「內在敵人」，是因為極化也有其精神的根源。極化遭到放大與激化，可以歸咎部分媒體與政客，但追根究柢，極化還是起源於人心。身處在遭到極化的環境中，我們必須留意那些見縫插針的惡靈，因為一旦被惡靈鑽了空，牠們就能從中創造出指控與反控交替出現、令人無法自拔的漩渦。惡魔有一個古老的稱呼，就叫作「大指控者」[23]。而在語言的暴力中，在對人的詆毀中，在不必要的殘酷中，我們都能發現牠的巢穴。我們最好可以在洞口停下腳步，因為不論

22【作者註】"Visit to the Joint Session of the United States Congress: 'Address of the Holy Father,'" U.S. Capitol, Washington, D.C., September 24, 2015.

23 The Great Accuser。

與這指控者進行論辯或對話，都只不過是陷入牠的邏輯，陷入牠將自己偽裝成理性的陷阱。你想對抗牠，必須另闢蹊徑，像是效法耶穌將牠掃地出門。你可以將之想成COVID-19病毒，極化的病毒如果沒辦法人傳人，那牠就只能坐以待斃，慢慢消失了。

相對於讓自己困在指控與反控的迷宮中，任由惡靈用自圓其說的虛假理性將自己蒙混過去，我們必須要由著惡靈現身。這是耶穌從十字架上給我們的教誨。在表面的溫和與無力之中，他迫使惡魔顯露出真身：大指控者誤將沉默不語認為是軟弱，未假思索便趁勝追擊，結果便是暴露出牠的憤怒，還有牠真實的身分。

只不過我們主要的任務，不是要從極化中全身而退，而是要以能避免自己陷入極化的手段去與衝突和意見不同接戰。這意味著我們要讓足以超越隔閡的新思想加入戰局，藉此來化解隔閡。這麼一來，意見相左所產生的就不會是毫無建樹的極化態勢，而會是具有其價值的新果實。這在我們身處的危機時代中，是一項至關重要的任務。面對必須在同一時間多線接戰的巨大挑戰，我們要操練「文明對話」的藝術，也就是透過文明與對話，在獲得昇華的層次上融合各種不同的看法。

這種政治操作不只是為了選戰或口水戰。相對於選戰是為了擊敗對手，而口水戰是為了說服敵方，文明對話更像是一種善舉，我們這麼做是為了集思廣益來找出問題的解決之道，進而讓所有人都成為受益的贏家。而要完成這個任務，我們需要放下身段，謙虛地接受自己看錯了某些事情，也需要拿出勇氣去接受與我們看法相左、但卻包含著真理的觀點。

讓不同的意見存在，並讓其扮演全新思維中的橋樑，是對我們所有人而言都價值斐然的任務。當耶穌說：「締造和平的人是有福的，因為他們要稱為天主的子女」（〈瑪竇福音〉五章九節），祂自然就是在指派這項任務。

郭蒂尼神父曾針對如何因應衝突，與我分享過令人驚嘆的見識；他分析了衝突的複雜性，卻沒有絲毫陷入將問題過度簡化的窠臼：意見的迴異中存在一種拉扯的張力，四分五裂看似難免，但其實所有看法都共存在一種大於一切的團結裡。

了解表面上的矛盾可以如何透過明辨，在形而上的思考中得以化解，是我過去一篇論文所討論之主題。為了那篇論文所需要的研究，我甚至走了一趟德國，但幾年的工夫下來，我始終沒能讓這篇論文大功告成。但話說回來，這篇論文還是對我大有裨益。特別是在對緊張關係與衝突對峙的處理上（事隔二十載，在二〇一二年我滿七十五歲之後，我以為教宗本篤〔十六世〕會接受我身為布宜諾斯艾利斯總主教的辭呈，所以原本有一剎那，我以為自己終於能有空完成論文了。但在二〇一三年三月，我被調動到了另外一個教區。最後我只好把已經寫成的部分，移交給一名也在研究郭蒂尼的神父）[24]。

衝突的一種效應是會看到：其實只是一種我稱之為「相互對比」的東西，被當成了「矛盾對立」。參與對比的是張力的兩極，是兩樣朝反向拉扯的東西，類似的組合包括：地平線／極限、在地／全球、整體／部分等。這些組合是對比而非對立，是因為它們雖分屬兩極，卻能在帶有建設性與創造性的張力中互動。一如我向郭蒂尼神父學習到的，天主造物中充滿了這類朝氣蓬勃的兩極對比，也就是德文所說的 *Gegensätze*，話說我們能充滿生氣與動力，靠的就是這些對比。至於德文中的 *Widersprüche*，也就是對立，是硬要我們從對與錯當中二選一（良善與邪惡永遠不可能是一種對比，因為邪惡不站在良善的對面，而是站在良善的負面）。

會將對比視為對立，是因為平庸的思維帶著我們脫離了現實。惡靈——也就是在挖對話與友愛牆腳的衝突之鬼——會將對比硬是變質成對立，然後將現實世

---

24 【作者註】德國神父、作家兼學者羅曼諾．瓜爾迪尼／郭蒂尼（Romano Guardini, 1885–1968）是二十世紀極具影響力的一位天主教思想家。教宗方濟各之未完成論文，是聚焦於郭蒂尼神父早年（一九二五）一本以哲學人類學為題，但從未翻譯成英文的作品。*Der Gegensatz: Versuche zu einer Philosophie des Lebendig-Konkreten* was published in Spanish as *El Contraste: Ensayo de una filosofía de lo viviente-concreto*, trans. Alfonso López Quintas (Madrid: Biblioteca de Autores Cristianos, 1996). 伯格里奧（教宗方濟各）的這篇論文標題為 *Polar Opposition as Structure of Daily Thought and of Christian Proclamation*。他透露論文內容的對象是馬西莫．波爾蓋西（Massimo Borghesi），而波爾蓋西也在其所著 *The Mind of Pope Francis: Jorge Mario Bergoglio's Intellectual Journey*（Collegeville, Minn.: Liturgical Press, 2017）的第三章中詳述了教宗的這篇論文。

界的多元簡化為二元，逼著我們去選擇一邊。意識形態與不擇手段的政客，專門幹的就是這種事情。所以每當一頭撞上某種對立，而這種對立又不讓我們腳踏實地去解決問題時，我們就要有所覺醒，就要知道杵在我們面前的是一種過度簡化、殘缺不全，等待我們去超越的心理謀略。

除此之外，惡靈還可能否認兩極之間存在某種對比的張力，進而搬出一種靜態的共存來糊弄我們。這帶來的危險，是所謂的相對主義或假性和平主義[25]，也就是一種「為求和平而不計代價」的態度，其目的在於一概避免所有的衝突。但衝突徹底避免掉了，解決之道也就找不到了，因為張力被否認掉了、拋棄掉了。這也代表對現實的拒絕接受。

所以我們面對的誘惑有兩種：在一方面，我們會想要將自己包裹在其中一個陣營的大旗之下，而這會造成衝突的惡化；另一方面，我們會想要避免涉入一切衝突，否認張力的存在，這代表我們想要當一個不沾鍋。

由此和解者的任務是要「挺過」衝突，與衝突面對面，並藉由明辨，讓視野不要受到意見相左的表面理由所阻擋，打開當事雙方的眼界，讓他們看見一種嶄新的可能性叫作「融合」，也就是不用同歸於盡，而是同時保留雙方好的、有用的，進而創造出一種全新的立場與觀點。

這種突破的產生，會是對話的一項贈禮，因為所謂的對話，是雙方能夠相互信賴，能夠謙遜地共同追求良善，並願意相互學習來成就一種禮尚往來。在這樣的瞬間，棘手的問題也會從你想不到、看不到的地方浮現解決之道，或者可以說一款更新更大的創意，也會從外部被釋放出來。這就是我所謂的「溢流」，因為這種突破就像是能讓我們被圍堵的思想潰堤，讓我們因為被對比遮住視線而沒有看見的各種答案，像水從溢流的噴泉中湧出一樣，從我們的思想中冒出來。我們要體認到這個過程是天主的贈禮，因為聖靈在《聖經》被描述到的，還有歷史上有目共睹的，也正是這同一種行動。

25　Irenicism，亦稱妥協主義或姑息主義。

「溢流」是希臘文*perisseuo*的其中一種譯名。杯中溢流著天主恩慈的詩歌吟唱者在〈聖詠集〉二十三章中所使用的，正是同一個字眼。*Perisseuo*是耶穌承諾（〈路加福音〉六章三十八節）[26]在我們寬恕時，會被「倒在你們的懷」的東西。那是〈若望福音〉中（〈若望福音〉十章十節）[27]用來形容耶穌帶來之生命的名詞，是〈格林多後書〉中（〈格林多後書〉一章五節）[28]使徒保祿用來形容天主給予我們之安慰的形容詞。天主之心的溢流，也同樣出現在其他知名的《聖經》段落，包括父親衝出來擁抱浪子回頭的兒子，包括婚禮主人將賓客從道路與田野中聚集來參加他的盛宴，包括經過一夜的拖網而一無所獲後，破曉時多到魚網都破了的豐收，也包括耶穌在他死亡的前一夜替門徒們洗腳。

這些愛的溢流，尤其會發生在生命的十字路口，發生在開放、脆弱與謙遜的時刻，因為祂如汪洋一般的愛會在這些瞬間沖破我們自滿的水壩，讓我們對可能性產生全新的想像。

我身為教宗所關心的，始終是如何透過回復源遠流長的「眾議精神」來鼓勵這類溢流在天主教會中發生。我一直想要把這種自古以來的流程發展起來，不只是為了天主教會之故，也是想要為動輒被能癱瘓人的相左意見給套上枷鎖的人類，盡一份力。

眾議精神的英文synodality，源自於希臘文中的*syn-odos*，意思是「走在一起」，而這也正是眾議性的目的：不全然是要鑄成共識，而更是要在更高的層次上體認、尊重、調解不同的意見，讓各種觀點裡的優點能獲得保留與薈萃。在眾議的行動中，不同的意見可以得到表達與修飾，直到你就算達不成共識，也能達到一種不同意見的高音處都能獲得保留的和弦。這不啻是一種樂理，因為和弦就

26 38你們給，也就給你們；並且還要用好的，連按帶搖，以致外溢的升斗，倒在你們的懷，因為你們用什麼升斗量，也用什麼升斗量給你們。

27 10賊來，無非是為偷竊、殺害、毀滅；我來，卻是為叫他們獲得生命，且獲得更豐富的生命。

28 28因為基督所受的苦難，加於我們身上的愈多，我們藉著基督，所得的安慰也愈多。

是由或升或降半音的各種音符組成，產生出比個別音調更加理想的音色。那當中的美妙之處就在於：如此產生的和弦會比單音更繽紛、更豐富、更不落俗套。在教會當中，能帶出這種和弦的就是聖靈。

我樂見世界能重現早期教會中那種基督教信仰的眾議精神，當時的門徒會聚在一起，為了讓他們各有立場的問題來相搏：非猶太人該因為成為了基督徒，就受到割禮等猶太律法與習俗的約束嗎？在經過了討論、禱告與某些激烈的辯論後，他們思索了上帝透過非猶太人，在他們之間所行出的徵象與聖蹟，因為天主在現實生活的體驗中，是能為人所認出的。最終他們宣告「聖神和我們決定，不再加給你們什麼重擔」（〈宗徒大事錄〉十五章二十八節）。

這是一個改變了歷史走向的全新開端。天主先是與一個民族——猶太民族，建立了救贖的盟約，然後祂將這個盟約恢復起來，獻給全人類，不分種族、國家、語言。這就是何以基督信仰從來不局限於特定的文化，而是不斷在各民族中生根，然後豐富於他們的文化滋潤。這每一個民族都根據其自身的文化，體驗到了天主的贈禮，而教會也在這每一個民族中，表達了真實的大公教會[29]，還有教會在多元面貌上的美麗。

眾議精神的體驗，不僅能讓我們不受意見相異的影響仍走在一起，更能讓我們為了共同追尋真理與擁抱極化張力的豐富性而走在一起。天主教會歷史上的許多突破，都發生在議會與集會中。惟真正要緊的，仍是讓我們在各種差異的深淺陰影中，得以在同一條道路上攜手前進的和諧。

這條眾議之道，是我們的世界今天亟需的東西。與其尋釁、宣戰，其中一方日思夜想就是要打倒另外一方，我們需要的流程是讓不同的意見能獲得表達、獲得聆聽，然後被放置、熟成，直到時間讓我們可以不用「不是你死就是我亡」地走在一起。這可不容易；這需要耐心，需要決心——尤其是要對彼此有耐心，對彼此要有不失約的決心。恆久的和平，講求的是創造並維持住相互傾聽的程序。

29 Catholicity，「大公教會」一詞的意思是基督的教會是普世的、一般的、大眾的，所有人的教會，而不是專屬於某種族、階級或宗派的教會。

我們想將一支民族建起，不可能靠戰爭的武器，而必須要靠肩並肩走在一起時的那股建設性張力。

在這樣的任務裡，調解者的重要性不容小覷。創造出能避免撕裂，讓各方能繼續並肩同行的各種協議，是得由法律與政治來擔綱的重責。調解是一門科學，但也是人類智慧的一種操練。在法律與政治中，調解者所扮演的角色在某些方面，可以類比於聖靈在眾議中所扮演的角色，也就是拉住不同意見讓它們不致綻線，直到眾人能一起看到新的地平線。

眾議的極致，表現在歐洲聯盟的範例上：用和解精神做到了異中求同。歐盟這一路走來相當坎坷。見證成員國在COVID-19病毒的紓困方案上達成協議——即便他們各有各的利益考量與觀點，也即便他們在交易與談判中進行了怒髮衝冠的唇槍舌劍——我們看到的是在尋求團結的大前提下設法讓差異性變成和弦的成功案例。就是因為這樣，我才會將歐盟與眾議放在一起相比，也才會覺得或許我們在天主教會中的經驗可以幫助外頭的廣大世界。接著就讓我們一起來看看教會都經驗了些什麼，看能不能讓大家有所收穫。

我在教宗任內目前辦理過三場主教會議，主題分別是家庭、青年與亞馬遜雨林。每次會議，都有超過兩百名主教、樞機主教與平信徒從世界各地聚集在一起，共同在通常為期三週的議程中進行明辨，最後再由主教投票來決定「結束文件」，也就是會議結論的內容。這個由聖保祿六世所設置的流程在持續的成長與發展途中，不斷嘗試回答新的問題。而這也就是何以我會希望未來能看到一場以「眾議性」為題的主教會議。我迄今所引入的改變，用意在於讓每兩到三年於羅馬舉行的主教會議能更自由、更活絡，更有時間讓與會者進行坦蕩的討論與傾聽[30]。

眾議性始於聽取天主全體子民的聲音。一間教會想要開口指教，首先必須附耳傾聽。天主能成為好主人，是因為祂知道如何當一個好的門徒（〈斐理伯書〉

30【作者註】下屆主教會議預定二〇二二年十月在羅馬舉行，主題暫定為「為一個同道偕行的教會：共融、參與和使命」（For a Synodal Church: Communion, Participation and Mission）。

二章六到十一節）[31]。一視同仁徵詢教會全體成員的意見之所以要緊，是因為一如梵諦岡第二屆大公會議提醒過我們的，有信者全體獲得了聖靈塗膏油，「在信仰上不能錯誤」[32]。

所以每一場在羅馬舉行的主教會議，都始於地方教會中的廣泛討論與諮詢，藉此匯集主題與關心的事項到會作為討論基礎的「籌備文件」中。許多不同的聲音與視角，因此都會被納入會議裡頭：平信徒、受邀專家，還有來自各（非天主教）教會的代表，而他們都對明辨過程貢獻良多。經由這種方式，我們遵循了在第一個千禧年中被教會謹記在心的一項原則：*Quod omnes tangit ab omnibus tractari debet*，意思是「眾人所繫，眾人所管」，一件事影響到所有人，自然也當由所有人來討論[33]。

這就是何以我很樂見各國的天主教會正踏上不同的流程，來讓符合眾議精神的作法獲得實踐。像澳洲當地就存在一套行之有年的程序，在數十萬人的參與下共同去探究他們作為一個教會，能如何出落得更加包容、更多悲憫、更凡事倚賴禱告，也更對皈依、復興與宣教等議題都抱持開放的心胸。

在提到眾議精神的時候，很重要的是別把天主教的教義與傳統天主教會的常規和習俗混為一談。眾議集會中討論的事項，並不是基督宗教教義的傳統真理。主教會議所主要關心的，是天主的教誨可以如何在當代的變遷脈絡下落實在生活中，獲得真正的應用。迄今的三場主教會議——家庭主題（二〇一四與二〇一五

---

31 6他雖具有天主的形體，並沒有以自己與天主同等，為應當把持不捨的，7卻使自己空虛，取了奴僕的形體，與人相似，形狀也一見如人；8貶抑自己，聽命至死，且死在十字架上。9為此，天主極其舉揚，賜給了一個名字，超越其他所有的名字，10致使上天、地上和地下的一切，一聽到耶穌的名字，無不屈膝叩拜；11一切唇舌無不明認耶穌基督是主，以光榮天主聖父。

32 【作者註】在一九六四年名為「萬民之光」（*Lumen Gentium*; Light of the People）的《教義憲章》（*Constitution on the Church*）第十二段（#12）中，第二屆大公會議敕令說：信友的全體由聖神領受了傅油，在信仰上不能錯誤；幾時「從主教們直到最後一位信友」，對信仰之道德問題，表示其普遍的同意，就等於靠着全體教民的信德的超性意識，而流露這不能錯誤的特質。

33 【作者註】這句以不同形式流傳了千百年的格言，在教宗波尼法爵八世（Boniface VIII, 1294–1303）任內嘗試制定教會法時寫為：*Quod omnes tangit debet ab omnibus approbari*（眾人所繫，眾人所認可）。在美國獨立革命期間，類似的觀念則傳誦為「沒有代表權就不繳稅」（No taxation without representation）。

年）、青年主題（二〇一八年）與亞馬遜雨林主題（二〇一九年）——都在方法的創新上扮演了要角，讓我們掌握了更多手段去照顧面對著特定挑戰的人與地。

眾議之道的特點，就在於聖靈扮演的角色。我們傾聽，我們分組討論，但比起這些，更重要的是我們會去留意聖靈有什麼話對我們說。那就是為什麼我會請每個人在暢所欲言之餘，也對他人洗耳恭聽，因為在他人的發言中也有聖靈的訊息。作為對改變與新的可能性都持開放態度的場合，主教會議於所有人而言都是一次皈依的體驗。因此那過程中的其中一項改變是：演講之間會安排片刻的沉默，好讓與會者有時間去靜靜領會聖靈的行動。

主教會議會產出激烈的討論，而那是好事一樁：討論的本質是意見不同或持特定立場者之間的殊異反應與回覆。我們每個人遇事都習於做出不同的反應。我們也已經在很多案例中看到在面對不同意見時，各種嘗試干預眾議程序的團體會將自身的想法強加在他人身上，手段包括從主教會議的內部或外部施壓，至於施壓的手法，則是去扭曲與其有不同想法之人的觀點。

但這也是一個好現象，因為但凡天主之靈所在之處，就一定會同時存在各種引誘想去讓聖靈噤聲，或是去分散人對聖靈的關注（若不是聖靈在場，那些誘惑人的力量才懶得來湊熱鬧）。我們在主教會議廳外，抑或在廳內的某些「異音」中，都能看見惡靈的身影：牠混入了人的恐懼中、驚慌中，也混入了宣稱主教會議是要掏空教會教義的陰謀，或宣稱教會在新觀念面前故步自封的各種主張中。這些都顯示出我們之前所提過的孤立良知的存在，也證明了惡靈的挫敗，因為牠每次引誘人失敗，就會惱羞成怒地用各種指控吶喊（當然牠們都指控別人，從不指控自己）。

在主教會議廳中，還存在一種誘惑是想抗拒眾議程序的本質：這股僭越的力量會擅自獨占真理的解讀權，並意欲將一己的想法横加在教會的完整聖體上。這些人的手段包括施壓，包括去詆毀與他們感受不同者。某些與會者連片刻都按捺不住他們的意圖，馬上就擺出了強硬的立場，但此舉也讓人看出了他們是多麼執迷於教義的純淨，彷彿教義危在旦夕，而他們作為其守護者必須救危扶傾。還有些人堅持著與福音及傳統不相符合的激進標準。而這便是聖靈在主教會議過程中，所給予我們的其中一項贈禮：揭穿各種企圖與隱藏意識形態的面具。這就是何以我們若想提倡眾議精神，就不能不先接受聖靈，在生活中與聖靈共存。

福音的閱讀與詮釋，必須要在救贖與傳統的脈絡下為之。至於其他的工具，則可以朝著這活水源頭去凸顯、指認與珍視各種迄今尚未被開採的寶藏，進而讓我們對福音的理解有所增長。

另外一種經常讓人難以分辨的誘惑，是把主教會議視為一種基於「政治鬥爭」的世俗議會，亦即身在其中想要成為統治的一方，你就必須要讓另外一方成為手下敗將。一部分人因此會為了壯大自身立場的聲勢，而去仿效世間政客的手法：經由媒體去營造風聲鶴唳的氣息，或是訴求要透過調查去體察民意。但這些作法，都違背了主教會議意欲提供一個安全的空間，供社群進行明辨的精神。

為了將主教會議對天主的子民，也對廣大的世界開放，更為了透過溝通讓世人明白教會在關心哪些議題，又面臨哪些挑戰，媒體都有要角必須扮演。但在某些案例中，記者會造成的一種風險是讓立場的「對照」與「極化」被混為一談，讓主教會議的行動被簡化為是與非的二元對立，就好像主教會議是兩股力量的攤牌與決戰。雖說廳內完全不是這種氣氛，但也有些時候，媒體的論述確實會侵害到眾議中進行明辨的器量。

如我們在家庭主題的主教會議中就看到了這種情況。那場會議的目標，是超越某些讓教會無法以其健全傳統中的微妙手法來處理困難事例的「決疑論」[34]思維。如在〈瑪竇福音〉的第二十三章，耶穌就曾譴責過律法經師的詭辯。用這些混淆的分類去判斷各種處境，會一方面讓我們難以掌握住現實情境中的複雜性，一方面妨礙教會發揮用福音書中的分類去與人支持及導引的能力。

在以家庭為題的主教會議裡，我們討論的很自然不是照許多人所想，僅限於對婚姻中的離異者、分居者、再婚者等特定案例要如何去牧養，如何讓這些人接

34　決疑論一詞通常含有貶義，以批評尤其是在道德問題上使用巧妙但不合理的推理。

觸到聖事（包含各聖禮、聖餐）的問題。主教會議有著比那大上許多的格局。但將主教會議連結到特定族群的媒體設定，卻將我們的努力壓縮簡化到只剩下一件事情，就好像開這麼一大場會議，就只是為了決定讓不讓離異與再婚的族群接受聖餐禮。媒體的論述，是定調在教會只能於「鬆綁規定」跟保持「立場嚴峻」中二選一。換句話說，反映這種論述的媒體框架，正好強化了主教會議想要超越的那一種詭辯。

惡靈制約了明辨的範圍，牠們首鼠兩端地分別去煽動贊成與反對的立場，去慫恿讓會議內耗的衝突，而其效果便是折損對眾議流程無比重要的精神自由。兩方都深陷在「自己的」真理壕溝中，成為了自身立場的囚徒。

惟聖靈最終拯救了我們，讓我們在（二〇一五年十月的）第二次家庭主題主教會議尾聲，得到了突破。這一次的溢流，主要貢獻來自那些熟知湯瑪斯．阿奎那[35]的弟兄，當中包括擔任維也納總主教的克里斯托夫．蕭恩伯恩樞機[36]。他們恢復了純正聖湯瑪斯學術傳統中真正的道德教義，將其從導致詭辯道德性的腐敗學術主義中拯救出來。

由於人類身處的處境與外在環境千奇百怪，因此阿奎那的教誨中主張沒有通則可以一體適用所有情境。而這種看法，也讓主教會議得以取得一項共識，那就是明辨之舉必須逐案進行。我們沒有必要去改變教會的律法，只需要去調整其適用的辦法。藉由將每件個案的細節納入考量，未曾或忘天主的恩典是如何運行在人類生活的點點滴滴中，我們便能揮別非黑即白的道德主義，擺脫將恩典與成長之路堵死的危險。這既不是對「規則」的收緊，也不是放鬆，而是一種新的應用，這種應用可以騰出空間，讓對應不了現行分類的案例可以獲得包容。

而這，也就是聖靈帶到我們面前的偉大突破：從汲取自我們自身傳統中的清新理解，完成了真理與恩慈的更好融合。在不改變律法或教義，而只是回復兩者

35 Saint Thomas Aquinas, 1225-1274.

36 Cardinal Christoph Schönborn

之純正意義的前提下，教會獲致了更大的能力去與同居或離異的民眾走在一起，去協助他們看見運行於他們生活中的天主恩典，也去幫忙他們擁抱教會教義之完整與全面。我在二〇一六年四月發布的主教會議後文件《愛的喜樂》（*Amoris Laetitia*），就於第八章引用了阿奎那的純正教義。但即便如此，我們還是很難讓部分人接受這個流程：而這顯示的是很多人仍不僅繼續受到決疑詭辯立場的制約，而且還受制於他們的意圖、視野，乃至於意識形態，是如何在阻礙他們承認這條由教會自身傳統所守護的眾議之路[37]。

在二〇一九年十月份泛亞馬遜主題主教會議中，我們也看到了類似的極化現象籠罩在一項次要的議題上，而這次尚未有溢流能幫助我們達成決議。召開這場主教會議的宗旨，在於凸顯該區域與其中各原住民族所面臨的挑戰，包括雨林遭到毀滅、原住民頭目遭到刺殺、原住民族遭到的邊緣化，還有教會在該區域工作面臨的困難。但媒體裡裡外外的許多人仍刻意將整個眾議過程簡化為教會要不要讓「德行已獲證明的已婚男性」（*viri probati*）晉鐸的問題，即便這個問題在整整三十頁的會議準備文件中，不過占了寥寥三行。

關於這次主教會議的「重點」就是這個問題的幻想，使得亞馬遜雨林面對的各項巨大挑戰，遭到了打壓與簡化。所以當我的宗座勸諭《親愛的亞馬遜》（*Querida Amazonia*）在二〇二〇年二月發布後，有人因為「教宗沒有去開那扇門」而大失所望，也有人因此放下了心中的大石頭，那感覺就像是根本沒有人關心亞馬遜雨林的死活，也不擔心那裡的生態、文化、社會與教會工作亂象；那是很多人心目中一場「失敗的」主教會議，只因為有德之男性沒有獲准擔任神職人員。

事實上，那場主教會議在許多方面都獲得了突破：我們從中確立了清晰的使

---

37 【作者註】《愛的喜樂》（*Amoris Laetitia*）第八章標題為「陪伴、分辨及融合人性的脆弱」（Accompanying, Discerning, and Integrating Weakness），當中具體陳述了教會應該如何去牧養離婚與再婚者，讓他們融入教區的生活，幫助他們看見天主在呼喚他們。想更細部了解家庭主題主教會議的過程，包含其在最後時分達成的決議，以及教宗方濟各在會後的宗座勸諭文件，見艾夫賴格所著《受傷的牧者：教宗方濟各為天主教會的轉化而奮鬥》（Ivereigh, *Wounded Shepherd*）之第九與第十章。

命，也在展望中看到了我們要跟原住民族、跟貧苦之人，也跟土地站在一起；我們知道了要去捍衛文化與造物，不讓死亡與毀滅等強大力量在利之所趨的推動下，對它們造成傷害。這場會議在亞馬遜雨林地區，為一個深植於地方文化且有在地民眾熱情參與的天主教會，奠定了基礎，並且啟動了程序，目標是在亞馬遜地區創立常態性的主教集會。惟在這之後，我們並沒有看到太多的進展傳出。亞馬遜地區暨其各民族又再次遭到忽視與禁聲，只因為部分媒體與壓力團體還是堅稱泛亞馬遜主教會議的召集，只是為了化解一個特定的爭議。

惟相對於眾所矚目的那個問題依舊無解，其他至少我沒料想到，也沒有在預備文件中被舉出的議題，倒是浮上了檯面。這就是眾議流程一項很大的贈禮：時不時聖靈會採取行動，讓我們知道自己看錯了方向，讓以為問題出自某處的我們，意識到自己沒有掌握事情的癥結。與同道偕行，傾聽聖靈要對教會訴說的話語，意味著我們要讓自身看似純淨的立場被攤在陽光下，讓長在麥子之間的莠子（雜草）被收集出來（〈瑪竇福音〉十三章二十四到三十節）[38]。

其中一個浮出檯面的問題，是在領土包含亞馬遜地區的九個國家裡，有不少司鐸不願被派去該地區宣教。他們寧可被外派到歐美，以獲得比較優渥的生活條件。所以說主教會議確實看出一個迫切等待這些國家的主教來化解的具體牧養問題：我們許多的司鐸心中，少了一份團結與宣教的熱忱。

換句話說，某些區域之所以在主日不辦彌撒——這被當作是開放已婚男性擔任神職的理由——很顯然不光是因為司鐸的人手不足，而也是反映了宣教之心在亞馬遜地區的整體衰退。把問題簡單定調為司鐸人手不足，只不過掩蓋了深層一個更複雜的因果。

在主教會議集會期間，我看到某些工作領域需要我們有所進展，但我們所見的現狀卻是癱瘓。同樣地，這又是聖靈給予主教會議的一份贈禮：聖靈讓我們看到了是哪些障礙物在阻撓我們善用天主已然在賜予我們的恩典。比方說，為什麼

38 30讓兩樣一起長到收割的時候好了；在收割時，我要對收割的人說：「你們先收集莠子，把莠子綑成綑，好燃燒，把麥子卻收入我的倉庫裡。」

亞馬遜地區會欠缺足額的永久性執事呢？永久性執事存在，能充分透過天主的話語與聖禮的儀式將自己表達出來的在地教會才真正存在。在亞馬遜地區，一個執事家庭——丈夫、妻子與兩人的孩子——就可以是當地人際網絡中心的一個小小宣教社群[39]。

主教會議的討論顯示，為了與當地民眾站在一起捍衛他們的文化與自然世界，亞馬遜地區的教會必須就地發展遍布該地區的草根性。而要做到這一點，當地的平信徒就必須扮演關鍵角色。真正挑起傳福音之重任者，是身分屬於平教徒、負責以本地語言和習俗來講授教理的傳道員[40]。這就是何以我認為我們必須多加信任平信徒，尤其是在該地區許多社區裡當家主事的女性，因為唯有如此，我們才能引出一股亞馬遜專屬的聖潔，並使之在未來結出豐碩的果實。這，依照我對主教會議之明辨結果的解讀，就是聖靈為我們指出的方向。

陷入衝突的危險性，在於我們會變得看不清全局。我們的視野會變得狹隘，我們會在聖靈指引的道路前故步自封。有時候與同道偕行，意味著我們要先設法求同存異，將大家的不同意見留待日後用更高的格局去超越。時間可以為我們爭取意見不同的空間，而團結必然強於一盤散沙。至少這是我內心的明辨，而這樣的明辨，也在勸諭迎來的心灰意冷中得到確認。關於這點，還請容我稍加說明。

在主教會議過程裡，失落與某種挫折感並非代表善靈的跡象，因為這兩種感受都源自於未獲得滿足的承諾，而天主永遠會保守祂的信諾。當然在主教會議的流程以外，失落有可能歸屬於善靈，因為天主可能藉此讓我們知道，我們的某條道路選錯了，那是一種我們做了一件過程中覺得享受、但事後才發現是白費時間

---

39 【作者註】在天主教會中，執事（deacon）是神職人員但不是司鐸（神父）。執事可以主持婚喪與浸禮，但不能聆聽告解或主持聖餐禮。執事一職又分成兩種，一種是在朝神父之路邁進，也就是晉鐸之前「過渡性」或「暫時性」執事，另一種則是此處所說的「永久性」執事。一般來說永久性執事是已婚有家庭的有婦之夫，而不同於司鐸須聽候其主教調動，執事會常駐在特定的社區，並深度參與濟貧與家訪的牧養工作。教宗方濟各在此稱這種永久性執事的落地生根，是亞馬遜地區收到的一份禮物，因為他認為亞馬遜是仍有待天主教會去好好擁抱的一個區域。

40 Catechist。

或更糟糕的事情所會產生的失落感。但在主教會議的過程中，這樣的失落更可能去掀開某種企圖：你來，是想要達成某件事，而當你做不到的時候，你就會像洩了氣的皮球。你或許是對的（也可能只是自以為對），但總之這些過程都需要時間，也需要人的成熟、毅力與決斷去達成。這些目標需要先由前人播種，再由後人收穫。換句話說，你仍舊困在自身的欲望中走不出來，你沒能讓自己被放到你面前的恩典所感動。

當我聽到有人說他們對泛亞馬遜主教會議感到失望時，我的想法是：我們不是開拓出新的牧養之道了嗎？聖靈不是為我們昭示了要以信賴的心情，讓具有濃厚平信徒色彩的地方教會文化在亞馬遜地區成長茁壯嗎？須知教會中不論何處顯出某種需求，聖靈都已經將可以滿足這種需求的贈禮湧現給我們了，我們要做的就是接受。如《親愛的亞馬遜》的第九十四段中所說，我們需要敞開心胸去接受各種大膽的嶄新可能性，包括正式承認女性領袖在亞馬遜各社區中的卓越表現。這種種聖靈的顯跡，都非常可能因為我們狹隘地聚焦於將已婚男性納入司鐸人選的爭議上，而遭到忽視。

在與同道偕行、讀取時代跡象，並對聖靈所彰顯之新事物抱持開放態度的同時，我們或可從眾議精神這種古老的教會體驗中學到一些事情。而我想要復甦的正是這些體驗。

首先：我們需要放下意識形態與預設的盤算，以尊重的心情相互傾聽。我們不該把目標設成辯論比賽，然後由勝者去決定大家的「共識」，而是要把這當成一場共同的旅行，旅行的目的是為了尋求天主的意志，並藉以讓彼此的差異化產生和弦般的共鳴。其中至關重要的是眾議精神：以尊重與信任面對彼此，秉持我們共有的身分、接納聖靈盼望向我們揭露的新局。此其一也。

二者：有時這些新局意味著爭議必須經由「溢流」來化解。突破往往是在最後一刻發生，屆時心靈的匯集就能讓我們得以向前邁進。惟溢流的產生也可能同等意味著一份邀請，要我們去改變思維，去改變眼前看事情的濾鏡，去放下我們的僵固與我們的私心，去看向我們未曾注意到的角落。我們的天主，是一位驚奇的天主，祂永遠走在我們前面。

三來：在這耐心來之不易的焦躁時代，這是一個需要耐心的過程。但或許，在因為疫情而封城的過程中，我們多少學會了什麼叫作欲速則不達。

時間推回十九世紀的阿根廷，那是一個土地被稱為「高地酋」（caudillo）的地方軍閥割據、戰事頻仍的年代。當時有個故事是說一名高地酋人在傾盆暴雨中鳴金收兵。他下令讓部隊安營紮寨，等候天氣放晴。但這道軍令隨著士兵們的口耳相傳，變化出了字面以外的深意。那無意中衍生出的智慧，表達了百姓所歷經的生活，同時也是對身處動盪與衝突中的人們一款睿智的建議。

有時想在衝突中明辨，就需要我們共同去安營紮寨，等待天氣放晴。

時間為天主所有。讓我們把信任託付給祂，帶著勇氣前進，透過明辨來凝聚為一體，去發掘天主給予我們共同的夢想並加以實踐，名為行動的大道已開展在我們面前。

第三部

去實踐

在危機與苦難的時分，我們會被迫將自身僵固的習慣甩開，由天主之愛現身來淨化我們，提醒我們：我們是同一支人民。你們從前不是天主的人民，如今卻是天主的人民（〈伯多祿前書〉二章十節）[1]。與天主的親近將我們召喚在一處。「祢讓我被我不認識的朋友認識了。」詩人泰戈爾[2]曾如是寫道。「祢將遠者帶到近處，讓素昧平生者成為兄弟手足。」[3]這個需要行動的時代，正在開口請我們回復那份我們同屬一支民族的認知，回復彼此共有的歸屬感。

同屬「一支民族」，究竟是什麼意思呢？那是一種思想類別，一種神話的概念，但此處的神話不是指奇幻故事或寓言，而是讓普世真理得以具體可見的某個故事。神話中的「民族」這個分類，既從許多來源汲取了養分：歷史、語言、文化（特別是音樂與舞蹈），也同時表達了這些來源，但比起這些，更重要的是神話中的「民族」分類代表的是一種集體智慧與共同記憶。把一支民族擰在一起的，正是那段記憶。那段記憶被珍藏在歷史中、習俗中、（宗教性或非宗教性的）儀典中，也在各種超越了純交易或純理性的羈絆中。

每支民族的故事，都始於一場對尊嚴與自由的追尋，那一段段都是名為團結與掙扎的歷史。對於以色列人來說，那是從他們遭到奴役的埃及出走；對於羅馬人，那是一座城市的建立；對於美洲大陸上的國家而言，那是為了獨立而奮戰。一支民族可以在掙扎、戰火與苦難中凝聚出共同的尊嚴，也可以隨著時間流逝而將這種共同的意識忘卻。民族不是不會忘記自己的歷史。承平與繁榮時永遠存在的一個風險，就是民族會消解成一群烏合之眾，沒有原則或信念可以將他們團結起來。

遇到這種時候，核心者的生活會對應邊緣人的犧牲，社會將崩解成部落間的相互競爭，被剝削者與失了尊嚴的人，會為了各種不公不義而在內心燃燒著熊熊的憎恨。此時的我們將再也不覺得大家是一支民族裡的手足同胞，而會相互競

1　10你們從前不是天主的人民，如今卻是天主的人民；從前沒有蒙受愛憐，如今卻蒙受了愛憐。

2　Rabindranath Tagore, 1861-1941.

3　【作者註】Poem 63 in *Gitanjali* (London: Macmillan, 1918).

爭，只為了壓過對方，將對比變成了對立。因為在這種狀況下，自然世界在人的眼中將不再是他們要去呵護的祖產；有權有勢者會不顧一切地在自然中橫征暴斂，卻什麼也不回饋。無動於衷、自我中心、一種自己過得好就洋洋得意的文化、深刻的社會裂痕，還有從這當中迸流出的暴力——凡此種種都是一支民族忘卻了其共有尊嚴的跡象。這樣的民族，已經不再相信自己是支民族。

像這樣被削弱與分化的民族，會很容易成為各種殖民主義的獵物。但即便沒有落入異國統治者之手，這支民族也已經在更大的意義上，放棄了自身的尊嚴。他們已經放棄了在自身的歷史中擔綱主角。

偶爾，重大的天災會喚醒那段由解放與團結交織而成的原始記憶。一直想讓人憶起真正重要之事與最初那份愛的先知，會突然發覺大家附耳過來。苦難的時代是個契機，壓迫百姓的力量不論源自內或外，都有可能在這段時間被推翻，由此催生出一個自由的新時代。

這類災難會在一段時間內，讓我們失去平衡，但弔詭的是，這些災難也會讓民族得以恢復記憶，進而讓民族重拾其行動力與內心的希冀。危機顯示出地球上的各民族並不會遇到蠻橫的自然力便束手就擒，反而會在困境中劍及履及。災難會掀開我們共同的脆弱之處，讓我們部署在平日各種計畫、例行公事與當務之急以外那種虛假而膚淺的安全感露出破綻。這些危機會凸顯出我們多麼無視於是什麼東西在滋養並強化著社區的生命，還有我們是如何凋萎在冷漠與安逸的泡泡裡。我們會因此發現在自身的躁動與挫折感中，在對新鮮事物的迷戀中，也在為了瘋狂追求認同而身處的忙碌中，我們忘了要去看一眼周遭的各種苦痛。

只有從對這些苦痛的回應裡，我們才能測出一支民族的本性。

在想起民族尊嚴的同時，我們便能意識到那些「實用類別」的不足之處，須知正是那些實用類別，取代了授予我們真正生活之道的「神話類別」。以色列人在沙漠中寧取代表純粹實用主義的金牛犢，而捨棄了天主召喚他們前往的自由。同樣地，我們也被告知社會不過是一群各自追求私利的個人集合體，民族的團結只不過是寓言故事，我們想對抗市場與國家有如螳臂當車，而名利就是生命的全部意義。

但如今風雨驟至，我們才知道真相並非如此。

我們絕不能錯過這事實由濁變清的瞬間。我們絕不能讓多年之後的歷史變成我們在COVID-19的危機中一事無成，沒有去恢復各民族的尊嚴，沒有去回復記憶，也沒有去追想我們的根源。

「民族」一詞在不同的語言裡，可以隱含不同的含義。若受到意識形態的剝削或遭到派系政治的利用，則民族二字聽起來會有種極權主義或階級鬥爭的弦外之音。而在現代，民族一詞往往被運用在具有排他性的民粹論述裡。為此我想我有必要說明一下搬出「民族」二字，我真正想表達的是什麼。

民族，不等於祖國、民族國家，或是政府。當然我不是說這些政治主體不重要。祖國指的是你土生土長的那個地方，那是一個地理概念；民族國家則是透過司法管轄與憲法架構去賦予其行使主權的能力。但這些國家的邊界與結構都可能改變。你的祖國會因為割讓土地或打敗仗而改頭換面；民族國家若歷經憲法危機也可能進行重建。一旦失去了民族的身分感，就回天乏術了。民族認同感的流失，可以是一個歷經數十年的過程，那會侵蝕我們的凝聚力。一旦失去了繼承自祖祖輩輩的那個身分基準，我們也就失去了團結成一個民族來創造美好未來的能力。

對於某支民族的歸屬感，只能透過其一開始被鑄造出來的方式來重建：在掙扎與苦難中同舟共濟。民族若是果，那其成因就是合成，就是邂逅，就是彼此殊異的元素融合在一起，成為一個「一加一大於二」的整體。一支民族內部可以存在深刻的不同意見與個別差異，但這並不妨礙他們受到共同的目標感召而走在一起，創造未來。經典的民族意象是眾人會共同出現在集會上，然後進行組織；一個民族的人會分享經驗與希望，會聽取共同命運的召喚。

在阿根廷，我們會說自己足智多謀，這指的是阿根廷人代代相傳的辨識前路、「嗅出」解決方案來解決當前問題的能力。要共同自認為是一支民族，我們就得意識到某種大於我們、又可以將我們團結起來的東西，或是某種無法被化約為共有法律地位或具體身分的東西。我們在抗議喬治・佛洛伊德被殺的輿論聲浪中，看到了這種團結。許多人原本素昧平生，卻因為對這件慘劇的不滿而共同走上街頭。把他們團結起來的，是一股健全的怒火。這些瞬間所顯露出的不只是某種風行起來的感受，而是一支民族的感受，是那支民族的「靈魂」。因為不論社會如何持續受到侵蝕，所有的民族都還是保有像壓箱底一樣的基本價值：從受孕出生到自然死亡這過程中的掙扎、對人性尊嚴的捍衛、對自由的熱愛、對公義與創造的關懷、對家庭與節慶的愛戀。

這話聽起來或許有點奇怪，但怪不等於不真實：民族是有靈魂的。而由於我們可以論及民族的靈魂，我們自然可以論及民族的世界觀，或是民族的一種意識。會出現這種意識，不是因為某種經濟體系，或是政治理論，而是因為一種在民族的關鍵時刻被形塑出的人格。這些民族歷史的里程碑，在民族的身上烙下了印痕，印痕上書寫著一種強大的團結感、正義感，還有勞動的重要性。

當一支民族在祈禱的時候，他們請求的是什麼？是健康、工作、家庭、學業，是有個像樣的地方可以安居，是收入足夠生活，是能跟鄰居和睦相處，是能讓人從貧窮中翻身。這些目標或許既不創新，也不偉大。但民族本身會非常清楚一件事情，那就是這些希冀若是結果，那其成因就必然是公義。

所以說民族不光是個體的總和。民族既不是一種邏輯上、也不是法律上的分類，而是一種活生生的現實。要生出這種現實，你需要的是共有的原則將一群人整合起來。你可以嘗試去將民族描述成一個概念，一種典範，你可以去定義民族的起訖，或是為之設下某種法律或理性上的定義。你甚至可以去分析特定民族的文化與特性，論述一下怎樣才算是法國人或美國人，或任何一支民族。但最終這樣的嘗試將一事無成。把民族當成研究的題目，就是自外於一支民族，那反而會讓人看不清民族的本質。這是因為「民族」本身就不是一個邏輯性的概念。想通往民族的本質，只能靠直覺，只能靠進入其精神、心境、歷史與傳統，才能有所成。

民族作為一種概念，可以從斷點中創造出共鳴，可以在保留個人特點的同時也調和差異。只要論及民族，就可以幫助我們去抗拒想要創造出菁英的永恆誘惑，不論那是智識上、道德上、宗教上、政治上、經濟上，或是文化上的菁英。菁英主義會限縮天主安置在地面上的財富，將這些財富變成任由某些人剝削的財產，而不再是應由所有人共享的饋贈。悟透了的菁英最終總是同一種結果：他們會把自己的標準加諸於別人，並在此同時鄙視並排斥所有不與他們服膺同一種社會地位、道德高度與意識形態之人。這種化約主義的苦，我們已經承受太久了。

論及一支民族，就是在訴諸於異中求同的團結，也就是拉丁文所說的*e pluribus unum*[4]，合眾為一。比方說以色列的十二個部落就被匯聚成一支民族，調和在共同的主軸（〈申命紀〉二十六章五節[5]）周遭，但又沒有放棄各部落的獨特性。在此例中，天主的子民挑起了在任何人類團體中都很正常的緊繃張力，但卻沒有彼此苦苦相逼，非得讓其中一項元素踩著其他人鶴立雞群。

我明白要解釋這種思想分類，並不是件容易之事，畢竟我們太習慣在排他與分化的分類框架下討論身分。也正因為如此，我選擇跳脫出來，使用「神話分類」這個古典名詞來為現實的描述另闢蹊徑，由此我們將得以在身分的鑄造上不再受到排他、分化與辯證對立的束縛，而能透過我稱之為「溢流」的過程為之。透過溢流，我們將能把各種潛在的可能性合成起來。

在面對當下包括疫情在內、影響著我們的各種弊病之挑戰時，我們若能以同一支民族的身分去採取行動的話，那我們的生活與社會就都能朝著好的方向去轉變。這不只是一種觀念，更是一道對我們每個人發出的召集令。那是在邀請我們放棄個人主義，也放棄個人主義所帶來的孤立，因為孤立只會讓我們自己打敗自己。那也是在邀請我們從自身的「小潟湖」中流瀉而出，進入寬廣的河流，那河流中流淌著「我們身為其中一部分，但又還在我們前方等待著的」現實與命運。

說起民族的尊嚴，我指的是從民族的「靈魂」中升起，也從其世界觀中升起

4　美國國徽中就有這句格言。

5　5然後你就在上主你的天主面前聲明說：「我的祖先原是個飄泊的阿蘭人，下到埃及，同少數的家人寄居在那裡，竟成了一強大有力、人口眾多的民族。

的一種意識。這種尊嚴究竟來自何方呢？是來自一支民族的財富中嗎？還是來自一支民族打贏的勝仗？這些成就或許可以是驕傲，甚或是傲慢的來源。但一支民族的尊嚴——不論再怎麼貧困、堪憐與被奴役的民族——都來自於與天主的親近。正是天主的愛與親近，才能賦予尊嚴，且無一例外地讓民族興起，讓他們看到希望閃耀在地平線上。在這層意義上，我們應該要效法以色列人，因為他們正是我們在討論的民族典型。

《聖經》反覆講述著同一個故事。透過呼喚梅瑟，天主拯救了一支民族，手段是體現了祂的親近、並在永恆之愛的誓約中向這支民族做出了承諾。透過召喚亞巴郎，天主承諾了要與祂的子民走在一起，陪伴在他們近處。體察到天主對他們的投入，猶太民族意識到了自身的尊嚴，並獲得了前進的動能，開始照護貧弱，建造強大的體制，達到靈魂的尊貴。但當這支民族失掉了那股尊嚴——當以色列拋棄了天主的律法，也就是天主賜予的親近（〈編年紀下〉十二章一節[6]）——該民族就崩毀在教會的分裂與不公不義中。

當聖保祿被要求解釋他對耶穌基督的信仰時，他講述了天主親近其子民的整段歷史（〈宗徒大事錄〉十三章十三到二十一節），就像斯德望在殉道之前（〈宗徒大事錄〉七章一到五十四節）也做了一樣的事情。耶穌基督作為受天主塗抹了膏油者，也是那民族救贖故事的一環，因為是他將那救贖傳給了世人。由此梵諦岡第二屆大公會議將天主教會形容成「天主的子民」，也就是一支受聖靈塗膏油、化身在所有地球民族身上，且各自保持著自身文化的天主民族——一支擁有眾多面貌的民族。

耶穌是誕生於猶太民族那滿是恩典、承諾與救贖之歷史中的子嗣。他的生平，就是一支民族在尋求解放的過程中意識到其尊嚴，只因為天主出現並靠近了他們、與他們同行的故事。耶穌前來恢復了以色列對天主挨近他們的記憶，讓以色列民族得回由天主之承諾所代表的尊嚴。少了對其尊嚴的意識，則不論有沒有

6 1勒哈貝罕的國家一強盛，勢力一鞏固，即捨棄了上主的法律，全以色列人也附和他。

被羅馬帝國占領，以色列人一直都會是支被奴役的民族。

耶穌用能表現出天主之親近的行動與語言，恢復了以色列的民族尊嚴。沒有人可以孤伶伶地獲得拯救。孤立不是我們信仰的一環。天主是在一張複雜的人際關係網中吸引著我們，並將我們派到歷史的十字路口上。

因此，身為基督徒，就代表我們要認知到自己屬於一支民族，一支體現在不同國家與文化中、但又超越所有種族邊界與語言的民族。國家若是一個廣大的社群，那天主的子民在其中則是一個較小的社群。天主的子民一方面服務這個國家，協助形塑該國的自我認知，並同時尊重由其他宗教或文化機構所扮演的角色。但若說天主教會在危機時分有一個特定的角色要扮演，那就是要去提醒民族勿忘自身的靈魂，提醒民族要特別敬重公眾利益。耶穌就是這麼做的：他的到來強化跟深化了歸屬感——包括人與天主及人與人之間的羈絆。這就是何以在天主的王國裡最重要的人，就是那些把自己縮到最小，而去服務他人的人（〈瑪竇福音〉二十章二十六到二十七節[7]），尤其是去服務窮苦者之人。

天主教會是一支擁有多重面貌的民族，並且會根據各成員不同的文化，以無數種方式表達出這一項真理。這就是何以我會認為傳福音的工作必須以各地的方言為之。我希望一地的祖母用什麼樣的字眼與聲音在哄孫兒入睡，福音就用什麼樣的字眼與聲音去表現。

天主教會所受的召喚，是要成為經過轉世之後，具有特定歷史、地緣與語言的天主子民。在此同時，天主的子民與耶穌的任務會超越文化和地理的任何疆界。教會任務針對的是天主子民，但教會仍有一部分的任務是要提醒各國，別忘了有一種關乎全人類的公益凌駕在任一特定民族的利益之上。人類的整體永遠要重於其任何一部分，團結永遠必須超越衝突。

這就是何以身為基督徒，我們永遠必須在捍衛人權與自由的同時，也絕對不淪為一名個人主義者。基督徒會懷抱著愛國的情操去為國效力，但他絕對不會因

---

7 「26在你們中間卻不可這樣，誰若願意在你們中成為大的，就當作你們的僕役；27誰若願意在你們中為首，就當作你們的奴僕。」

此成為一名盲目的民族主義者。

基督信仰的堅實核心，為希臘文中所說的「克里格瑪」（*kerygma*），也就是源自於初期教會使徒之間的「福音傳揚」。那福音說的是：天主愛我，並為我獻出了自己。耶穌基督的死而復生，還有讓他被釘在十字架上的愛，都在召喚著我們成為宣教的使徒，也都在邀請我們去承認彼此是廣大人類家庭中的兄弟姊妹，特別是那些自認為孤兒者的兄弟姊妹。一如《天國八福》與〈瑪竇福音〉第二十五章所言，救贖的原則滿足在我們所展現出的悲憫之中。

從這層意義上來說，《聖經》非常清楚地為我們區別了什麼是加音對亞伯爾之命運的漠不關心——「我豈是看守我兄弟的嗎？」（〈創世紀〉四章九節[8]）什麼又是在〈出谷紀〉第三章裡，雅威對梅瑟的回應：「我的百姓在埃及所受的困苦，我實在看見了……他們因受督工的轄制所發的哀聲，我也聽見了……我原知道他們的痛苦，我下來是要救他們脫離埃及人的手。」（〈出谷紀〉三章七至八節[9]）。前者的加音與兄弟劃清了界線；後者的雅威則投身了一支民族的生活，決心要服務於他們，讓他們獲得拯救。

這就是何以天主教會必須讓世人知道，我們永遠與在這世上為尊嚴及自由而奮戰的各民族站在一起。在這種掙扎存在的每一個文化中，天主教會都必須睜開眼去看到民眾的哀愁與盼求——尤其是那些深陷貧困中者——並將之視為自身的哀愁與盼求。教會將與民眾走在一起，服務人群，但不會以家父長自居而妄想將之組織起來，因為組織應當是民眾自發性的行為。

若你問我基督宗教有什麼地方走偏了，我可以毫不猶豫地回答你：我們忘了自己屬於同一支民族。一如在杜斯妥也夫斯基的小說《卡拉馬助夫兄弟們》裡，

---

8 9上主對加音說：「你弟弟亞伯爾在哪裡？」他答說：「我不知道，難道我是看守我弟弟的人？」

9 7上主說：「我看見我的百姓在埃及所受的痛苦，聽見他們因工頭的壓迫而發出的哀號；我已注意到他們的痛苦。8所以我要下去拯救百姓脫離埃及人的手，領他們離開那地方，到一個美麗寬闊的地方，流奶流蜜的地方，就是客納罕人、赫特人、阿摩黎人、培黎齊人、希威人和耶步斯人的地方。

佐西馬老神父所說：「救贖將來自人民。」[10]自視高於天主的民族一籌，就等於是無視天主已經靠近了祂的子民，並且在為他們塗膏油，將他們高舉。

自視高於天主子民的後果，包括了道德主義、律法主義、神職主義、法利賽主義[11]等各種菁英心態的意識形態，你完全無法在這些意識形態中看到「知道自己屬於天主子民一員」的喜悅。教會的角色體現在她對天主的服事上，也體現在對地表上各民族的服務中，須知地表正是她被派往的地方。只是所謂的服務不是居高臨下地指手畫腳，而是效法基督謙卑地為門徒洗腳。

當前的危機正召喚著我們去找回歸屬感；唯有如此，我們的各支民族才能重新成為自身歷史的主角。

恢復四海一家與互助團結在內的各種人際倫理，讓信賴與歸屬的鏈結得以重生，此其時也。因為能拯救我們的不是抽象的觀念，而是實際的邂逅，只有一張張人臉，才能喚醒我們心中的善與美。只有去服務眾人，我們才能救贖自身。

若想在這場危機後出落成更好的人，我們就必須要重新認知到作為一個民族，我們擁有共同的目的地。疫情提醒了我們，沒有人可以獨善其身，獨自獲救。將我們綁在一起的，是我們普遍稱為團結精神的東西。團結心不光是慷慨的表現。固然慷慨大方也很重要，但團結精神更是在召喚我們去擁抱一項現實，那就是我們被互惠的鏈結束緊在一起。在這堅實的基礎上，我們可以為人類打造出一個不同於現在、更美好的未來。

很遺憾地，在當代不論自由派或民粹保守派的政治論述裡，我們都看不到這樣的認知。西方政治的主流世界觀僅視社會為一個多方利益共存的集合體，並對重視社群與文化鏈結的論述抱持懷疑。另一方面，我們看到有一類世界觀——像是各種民粹主義的變形——扭曲了「民族」一詞的意義，將之鉤連到鎖定國內外假想敵的意識形態上。若說前者捧的是被切細到不能再細的個體主義，不為友愛

---

10 【作者註】Fyodor Dostoyevsky, *The Brothers Karamazov*, Part II, Book VI, Chapter III.

11 Pharisaism，法利賽有分離、分裂之意。

與團結精神留一絲餘地，那後者就將其宣稱要代表的民族，貶成一團看不見個人面貌的烏合之眾。

新自由主義的思潮竟會尋求將任何關於公益與「財物為眾人所有」[12]的實質辯論排除在政治場域之外，令人難以想像。相對於此，他們實質上提倡的是對市場的效率管理，以及政府控制力的最小化。但問題是當經濟把重心放在獲利上時，我們很容易忘記地球的資源屬於人類全體，而不是少數的菁英。

對於獲利的執著，會弱化各種能保護民族的體制，讓民族受到魯莽經濟利益與過度集中之權力的斲喪。日漸頻繁的社會衝突，有很大比例得歸咎於貧富差距與各種不公不義，但其更底層的原因則是歸屬感之鏈結的磨耗與斷裂。分裂的社會永遠做不到自我和解，因為這種社會看不見不平等對社會造成的危險。四海一家的友愛精神，已經成了我們必須前往探勘的新疆界。

一旦只從國家與市場的相對立場出發，去將個人理解為一種高度自治的個體，自由主義運動便會對體制與傳統產生懷疑。但世間存在一種往往顯得隱晦，姑且可稱為本能的東西，會讓我們大部分人繼續受到家庭、社區與民族歷史的深刻牽引。想要找到生命的意義，去市場就錯了，你該去的是社會裡各種居間調解人際關係的體制，而那首先便是家庭，因為只有在這些社會體制裡，人才能學習到信賴與團結的各個面向。這就是何以我很擔心有種媒體文化正在設法將以年輕世代為主的許多人連根拔起，讓他們脫離內涵最豐富的傳統，剝奪他們的歷史、文化與宗教傳承。人失了根，面對霸權就只能任其宰割。

宗教等各種信念，會讓我們面對世界許多獨特的見解；而這些見解便是善的來源。從傳統信念中衍生出來的其他信念，包括團結與服務精神，都能強化作為一個整體的社會。而就是在團結與服務所代表的和解中，我們可以體驗到自由市場永遠無法給予我們的一切：人身而為人的價值，而不是他們作為員工或消費者

---

12 【作者註】「財物為眾人所有」（The universal destination of goods）是天主教社會訓導中的一條原則，意思是天主認為地上的財物應一視同仁歸所有人使用，不應有任何差別。此一原則並不反對私有財產權，而是認為私有財產必須有其相對的條件，亦即擁有財產之人必須對公益背負起更大的責任。

的產值。

一旦集合在我們於本書第二部探討過的眾議對話中，來自不同體系與多元信仰的眾人便能產出令人意想不到的和弦。只要大家心中都有公益，那麼哲學上或神學上的意見相左——不論存在於不同信仰間、或是存在於信仰中人與俗世之人之間——都不會構成眾人團結在共同目標下的阻礙。確實，我們會在部分機構中看到僵固性與基本教義的存在，但這類機構原本就不太會參與眾議的對談。

市場中心的放任主義，不時會混淆了手段與目的。工作從人性尊嚴的來源，變成了單純的生產行為；獲利不再是一種能造福更多人的工具，而化身為自成一格的目的。長此以往，我們將認賊作父地相信錯得離譜的一種想法，那就是：但凡對市場好的，就是對社會好。

我不會去批評市場本身。我譴責的是四處可見、倫理與經濟發展徹底脫鉤的那種狀況，我看不慣的是那種沒有根據的自以為是，總覺得財富必須任其毫無阻礙地四處流動、社會整體才能繁榮的想法。足以駁斥這種錯誤觀念的東西俯拾皆是，不信你環顧四周：脫韁野馬般的市場導致了嚴重的貧富不均，還有巨大的生態災害。資本一朝變成了君臨社經體系、供人崇拜的偶像，它就會奴役人群、離間你我、排斥貧苦、危害我們共有的地球。這也就難怪凱撒肋雅的巴西略（Basil of Caesarea）作為教會的神學先驅，稱呼金錢是「惡魔的糞土」。

因而，新自由主義經濟最終只是為了一個目標存在，就是成長。但市場無法以一己之力達成我們目前必須達成的雙重目標：一方面靠著更永續與更節制的生活方式來促成自然世界的重生，一方面讓受到現行經濟制度傷害或排擠的民眾可以不致匱乏。除非我們接受各民族應該團結起來的原則，否則危機之後的我們將不會過得更好。

市場作為一種工具，其作用是貨物的交換與流通，是讓我們得以成長繁榮，是讓我們發展的機遇變多。但市場並沒有自我治理的能力，市場必須經由法律與規定的確保，才能穩定走在有利於眾人的道路上。所謂的「自由」市場對為數眾多的人類而言，一點都不自由，特別是對窮人而言，窮人在自由經濟裡可說是幾無選擇餘地。這就是何以聖若望保祿二世會提出「社會性」的市場經濟：冠上社會性一詞的意義，在於讓經濟打開一扇通往人群的窗。

提起團結二字，我所指的遠不只是針對在經濟競爭中落敗的族群，去提倡慈善扶助與財務捐輸。因為團結不是分享餐桌上的麵包屑，而是要為每個人騰出餐桌上的空間。人性的尊嚴需要落實在人際的交融中，落實在財貨的量產與分享中，也落實在眾人參與和眾人享受的過程中。

我們無從迴避的問題是人性的脆弱，是想將自己封鎖在自身利益中的念頭。所以說我們需要的，不是把成長當成唯一目標的狹隘經濟，而是一種以人性尊嚴、就業機會、生態復育為核心的經濟。各民族的尊嚴要獲得維繫，我們的經濟就不能只著眼於財貨的累積，而必須讓所有人都不用為了工作、居住、教育與健康擔心。

一旦欠缺了對社會目標的考量，「獲利優先」的經濟成長就會滋生出裙帶資本主義去疏於公益，並圖利「流動經濟」中的投機者。擔保銀行體系、供企業避稅的海外財稅天堂、占利害關係人便宜來掏空公司並推升股東權益的行徑，還有以信用違約交換（CDS）等煙霧彈來混淆視聽的衍生性商品世界——凡此種種，都是在對實體經濟吸血，也都是在挖健康市場的牆腳，而其後果就是歷史上僅見的嚴重貧富差距。

今天我們看到一邊是對社會人權的意識與觀念，另一邊則是實際發展機會的分配，這兩者之間出現了巨大斷裂。近幾十年來貧富差距的驟然擴大，並沒有為成長搭建舞台，而是為其踩下了煞車，同時更埋下了二十一世紀許多社會弊端的根源。世上不到百分之一的人口，握有全球半數的財富。一個在自身複雜機制的眩惑下，與道德日益脫鉤的市場，視獲利與報酬重於一切，而這不僅代表少數人可以囊括巨大的財富，更代表剩下的其他人必須面對貧困與剝奪。千百萬人被剝奪的不只是物質，更是希望。

太多時候我們把社會想成是低經濟一等的子集合，而民主則是市場經濟下的一項特色或功能。因此我們現在該做的，是去恢復社會與民主的地位，設法保障每一個人既然被稱為人就應該要獲得的生活。我們不是反商，商業很重要，但我們也必須為商界設下目標，讓他們不能眼裡只餘股東權益這一種價值，還必須要有其他各種能拯救我們全體的價值：社群、自然、有意義的工作。財務上的獲利是企業健康的指標，但我們需要用更多更廣的指標去衡量獲利，包括把社會與環境的目標都納入考慮。

同樣地，我們需要政壇換上一副不同的視野，讓政治家除了管理國家機器與忙著競選連任以外，還要懂得培養社會上的美德並重新打造人與人的聯繫。我們必須重建一種「大寫」的政治（Politics），意思是政治必須回歸為公益服務。政治作為一門志業，應該由那些看不慣社會亂象、放不下世間多苦人的政治家來從事。

我們需要那些胸中熊熊燃著使命感的從政者去為他們的選民確保三個L，也就是土地（land）、居所（lodging）與勞動（labor），再外加教育與醫療。這些人必須是有著開闊視野的政治家，必須能為人民打開新局，讓民眾有辦法組織起來，表達自己的聲音。這些人必須一心要服務人而不是利用人，必須與他們所代表的選民並肩同行，必須與他們所服務的社區聞起來是一個味道。這種清明的政治，將會是各種腐敗的最好解藥。

這個時代所需要的政治家與領導者，必須能受耶穌所說的撒馬利亞善人寓言的啟發。那故事所說的，是我們該如何去開發我們的生命、天命與使命。很多時候我們會發現最根本的問題在於距離。面對那些被遺棄在路邊的人們，有些人決定悶頭往下走：與苦難有段距離的他們寧願無視現實，若無其事地把日子過下去。就這樣他們成了各種開脫與藉口的囚徒，過一天算一天。

這是個亙古不變的問題：貧窮會在羞辱中自暴自棄，所以為了看清、理解、感受到貧窮，你必須要靠近。沒有誰能隔著一段距離弄清楚什麼是貧窮，你必須伸出手去觸摸。承認與靠近——是第一步。第二步，是要務實且立即地做出反應，因為具體的善行永遠稱得上是公義之舉。

但如果我們不希望這一切淪為單純的福利主義，那我們就需要跨出第三步：

反思前兩步，然後敞開心胸去接受必要的結構性改革。實事求是的政治體系要負起責任，偕同所有受到影響的人一起去設計這些改革，也引入受影響之人的力量來推動這些改革，並不忘尊重這些人的文化與尊嚴。只有一種時候我們可以低頭看人，那就是伸手要把他們拉起來的時候。一如我曾在某場演講中對台下有信仰的男男女女所說：「問題不在於如何餵飽窮人、給赤身露體的人穿衣，或是去看望生病的人，而是要給他尊嚴，承認貧窮、衣不蔽體、患病、坐牢或無家可歸的他們應該跟我們同桌吃飯，在我們當中有『在家』、有跟我們是一家人的感覺。這是天國在我們心中的表徵。」[13]

在後疫情時代，不論是技術官僚的管理主義或是民粹主義，都不能完全滿足我們的需求。唯有扎根於民眾、對民眾自發性的組織抱持開放態度的政治形態，方足以改變我們的未來。

當以個人或經濟體的身分，開始把財富的累積當成我們首要目的時，我們就已經以某種形式犯下了偶像崇拜的行為，並任由自己被套上了鎖鍊。世上有如此多的女性與兒童遭到剝削，只為了供人一逞他們的權力欲、獸性與金錢貪欲。我們的兄弟姊妹正被奴役於暗無天日的倉庫裡，只能當個紙上不存在的非法移民，或是掉進賣淫集團的掌心。萬一今天處於這些險境中的是年幼的孩子，那事態又會更加不堪聞問，而那背後都少不了少數不肖份子的利欲薰心。

人口販運往往與其他的全球性弊病——軍火暨毒品走私、野生動物與人體器官的交易——脫不了干係，而這種種惡行都是這世界不斷墮落的原因。這些廣大的犯罪網絡能順利創造出數千億美元的暴利，其背後必然有權傾一時者的出力，而國家或政府對此往往無能為力，唯有一種新的政治，才能結合國家資源及深耕公民社會而貼近問題癥結的民間組織，一起對這些挑戰有所作為。

世上各民族之尊嚴所不能少的，是一條供移民與難民放心通行、可以脫離亂

13　【作者註】Francis, "Meeting with Priests, Consecrated Men and Women, and Seminarians," Santiago Cathedral (January 16, 2018).

邦前往安全地帶的廊道。阻絕移民之路，讓千百移民喪生在凶險的海上或跋涉於沙漠的路上，是令人無法接受的作法。天主會要我們交代每一條生命的死亡。

疫情造成的封城，讓我們睜開眼睛看到了常遭隱蔽的一項事實：先進社會裡的許多基本需求，都是在薪資極低的移工勞動中獲得滿足。但即便做了沒人要做的工作，他們卻還是社會上的代罪羔羊，不時遭到汙名與詆毀，更得不到安全合理的工作機會。移民是全球性的問題。沒有人應該被迫離開自己的故里，一旦不得已離鄉背井，我們就不該讓他們只能為了穿越國界而找上人蛇集團，因為那是對他們的二次傷害。而等他們千辛萬苦來到了異地打拚，卻又得接受我們的鄙視、剝削、拋棄與奴役，那將是對他們的第三重傷害。對於為了讓自己與家人有一個更好的未來而遠赴他鄉的這些人，我們應該要有的態度是歡迎、協助、保護與接納。當然在現實層面上，各國政府有責任去評估自身在接受移民上的能量。

曾經，包括在被認為信奉基督的社會裡，奴役與死刑都曾無人異議。所幸隨著時間演進，人類對生命之神聖有了更深層的理解，而這也讓基督徒的良知有所長進。奴役與死刑都是我們所不能接受的，但這兩者都還是繼續存在世上：前者轉入地下，後者則仍大大方方是若干先進國家中司法體系的一環，甚至有基督徒在為其說話。但如我二〇一五年在美國國會的演講所言：「任何公正而必要的刑罰，都不能把希望的面向與教化的目標排除掉。」[14]

雖然很多人不樂見教宗重提這個議題，但我實在無法明知每年有三到四千萬條未出世的生命因人工流產被拋棄，仍如此不發一語[15]。看著在許多自視發達的國家或地區，人工流產仍因胎兒被發現殘疾或屬於意外受孕而獲得鼓勵，這著實令人痛心。

人的生命，永遠不會是一種拖累或負擔。生命需要我們為其騰出空間來，而不是嫌棄其累贅就將之丟棄。當然，需要照顧的生命來到我們身邊——不論是母

14 【作者註】“Visit to the Joint Session of the United States Congress: ‘Address of the Holy Father,’” U.S. Capitol, Washington, D.C., September 24, 2015.

15 【作者註】資料來源為世界衛生組織。

親子宮裡的胎兒或是處於邊境上的移民，會挑戰並改變我們顧慮的輕重緩急。人工流產與關閉邊境，都意味著我們拒絕調整這份輕重緩急，意味著我們寧可犧牲人命，也要保護本國的經濟安全，或是也要避免為人父母的責任讓我們的生活被攪得天翻地覆。墮胎作為不公義至極的行為，絕對不該成為一種自主權的展現。如果個人生命的自主權，必須以另一條生命的犧牲作為代價，這非但不是一種自由，反而徹徹底底是一種牢籠。我經常捫心自問兩道問題：為了解決一個問題而抹殺一條生命，這是對的嗎？為了解決一個問題而買凶殺人，能行嗎？

新達爾文主義者那種適者生存的意識形態，在脫韁野馬般的市場機制支撐下，滿腦子只有獲利與個人主權，而這樣的意識形態已經滲透了我們的文化，讓我們的心開始硬化。日益茁壯的技術官僚典範，動輒把無辜生命的犧牲當作家常便飯：街邊被遺棄的孤兒、血汗工廠裡不見天日的童工；遭到雇主捨棄，只因為公司必須變賣資產來發放股利給股東的勞工；不受就業市場待見的難民；在經費捉襟見肘的養老院裡自生自滅的長者。

前教宗聖保祿六世曾在他一九六八年的通諭《人類的生命》[16]中提醒我們，萬不可視人類生命為一種無異於其他物體、可以任由掌權或教育程度較高者號令的東西。憶昔撫今，保祿六世的預言竟有如此的先見之明！這些日子以來，產檢動輒就會用來篩檢出體弱或有缺陷的孩子，讓他們沒有出世的機會，而另一端的安樂死也不再罕見：有些在光天化日下，於部分國家或美國某些州的「協助自殺」立法下進行；有些則不為人所見，無人聞問的老人會默默地燈枯油盡。

看著生命價值受到這等侵蝕，我們必須去面對其深層的成因。一旦將公共利益的考量排除在公共政策的擬定以外，其結果便是讓個人自主權氾濫到淹沒了所有的價值與基準。若不以扎根在全人類尊嚴中的社會作為我們的發展願景，那失控的市場邏輯就會顛倒黑白，讓生命從上天贈禮變成一項產品。

關於〈創世紀〉第十一章裡講到巴別塔的故事，十二世紀時曾有過一則「米

---

16 *Humanae Vitae*

德拉什」（midrash；評論），當中講到巴別塔所象徵的是巴別人的自我。建塔需要大量的磚頭，而製磚所費不貲。根據猶太拉比所言，磚頭的掉落會造成嚴重悲劇：工程會暫停，粗心大意的工人會被毒打一頓，為的是殺雞儆猴。但如果今天是人摔得粉身碎骨呢？工程一切照舊，只會有一名備用的工人從一旁大排長龍的奴隸行列中站出來，取代死者的位置，繼續把巴別塔愈蓋愈高。

所以到底是人重於磚頭？還是磚頭重於人？在無止境追求成長的同時，到底什麼才是準備好要被消耗的備品？

場景換成今天呢？當大公司的股價跌了幾個百分點，新聞登上頭條時，投資專家會滔滔不絕地分析那背後的原因。但如果是無家可歸的遊民被發現凍死在空著房間的飯店外，或是有某地的人口陷入飢荒，又有誰會關心呢？就算路有凍死骨真的上了新聞，我們頂多也是搖搖頭，繼續過日子罷了，我們已經認定這種事無解了。

這就是何以耶穌會說你不能既服事天主又服事財神。在我們的生命中，一如在我們的社會上，只要把錢擺在中間，你就會進入「什麼都能犧牲」的行為模式：不論犧牲多少人命與自然環境，塔都非愈蓋愈高不可。反之若把人性的尊嚴擺在中間，你就能創造出一種基於慈悲與關懷的全新邏輯。這麼一來，真正具有價值的東西就能被放回其應處的位置。

一個社會要麼是為了犧牲的文化——為了適者生存與優勝劣敗的文化——而存在，要麼是為了慈悲與關懷而存在。顧人，還是顧磚塊：我們必須取捨。

在民粹政治近年來的崛起背後，有一種切身的辛酸：很多人的感覺是在席捲全球的技術官僚主義巨浪中，自己被無情地丟開了。民粹主義常被形容為是草根對全球化進程的反撲，但與其說民粹是在抗議全球化，不如說民粹是在抗議全球化的無動於衷。追根究柢，許多人不滿的是失根的痛、失去社群的痛，乃至於一種瀰漫在空氣中的苦楚。但除了創造出恐懼、散播了恐慌的種子以外，各種民粹主義其實也是在剝削與消費民間疾苦，而沒有要為其找到出路。民粹領袖那些為了捍衛某種民族或團體身分而貶低「他者」、聽來殘酷的發言風格，已經說明了民粹主義的本質：野心政客奪權的工具。

聽著現時某些民粹領導人在台上大放厥詞，我不禁回想起一九三〇年代，不只一個民主政體宛若一夜之間土崩瓦解，陷入了獨裁。藉由讓「人民」變質成一種排他的集合——彷彿受到內外敵人的四面夾攻——政客讓這兩個字變成了一個空洞的字眼。這種事情，如今又在各國政壇的造勢活動中重演。民粹領袖會長篇大論，口沫橫飛地慫恿、煽動著群眾，灌輸群眾對假想敵的憎恨，好轉移百姓對真正問題的注意力。

打著「為了人民」的旗號，民粹主義者並不讓所有民眾加入政策的商議，他們只讓特定的群體自命為民意去詮釋各種事情。而這麼一來，原有的「人民」就解體了，剩下的只是成為任由黨派或民粹政客操弄的一盤散沙。獨裁政治的開端，幾乎都是這種套路：在民眾的心中種下恐懼，主動表示眾人由他來保護，然後以此要求大家交出決定自身命運的權利。

像在基督徒占多數的國家裡，民族—民粹主義就被幻想成是面對外敵的盾牌，而這些「基督教文明」的假想敵包括了伊斯蘭教、猶太人，甚至包括歐盟與聯合國。這種盾牌說訴求的，往往是那些已經放棄了宗教信仰，但又覺得基督信仰作為一種歷史遺產、代表其國家身分的人。諷刺的是這些人對身分流失的恐懼愈來愈高，同時，上教堂的人數卻不斷減少。

與天主之關係的斷絕，還有四海皆兄弟之大同精神的喪佚，是造成這種孤絕感、並讓人恐懼未來的兩大成因。就是在這種信仰徒具表面形式，或連形式都沒了的背景下，民眾把票投給了民粹政客，為的是守住他們那虛無飄渺的宗教身分感。他們並沒有深思那種對「他者」的恐懼，其實跟天主的福音如油水般無法相融。

基督信仰的核心，是天主不分民族對所有人的愛，也是我們對鄰人的愛，特別是對窮苦之人的愛。有人因為害怕不同的宗教信仰會稀釋了「基督教」文化，就無視於移民的掙扎而將門關上，但這其實是對基督信仰與基督教文化一種居心叵測的扭曲。只有抹黑移民才有利可圖的人，才會宣稱移民是對基督信仰的一種威脅。誰若一面傳福音，一面卻又對落難的陌生人不表歡迎，不去承認他們的人性，也不認可他們是天父的孩子，誰就是在鼓勵一種有名無實的基督教文化——基督信仰中該有的各種內涵已蕩然無存。

想要恢復人的尊嚴，我們必須親赴社會的邊緣，與那裡的居民面對面，因為埋藏在那裡的觀點，可以供我們共同打造一個嶄新的世界。我們不能一邊夢想未來，一邊繼續忽視全球將近三分之一人口的生活樣態——我們理應將他們視為一種資源般的存在。

這些人沒有固定的工作，只能在市場經濟的邊緣上苟活。他們是沒有土地的佃農或小農，是收入僅夠溫飽的漁夫，是血汗工廠的勞工，是拾荒者與街邊小販，是人行道上的匠人，是貧民窟的住戶或竊占者。在發達國家中，這些人通常以打零工維生，往往得經常移動，居住環境惡劣，飲水與健康食物的來源也不多：這些人與他們的家人都會淪為多重弱勢。

但只要我們跨出第一步，去靠近他們，放下對他們的成見，那我們就會發現他們許多人都遠遠不只是被動的受害者。在由各種協會與運動所構成的世界群島中，他們象徵著在這個排他與漠然的時代裡，人類團結的希望所在。我曾在社會邊緣發現許多社會運動扎根在教區與校園中，而運動將人聚攏，將他們變成自身故事與歷史的主角，讓散發著人性尊嚴的齒輪開始轉動。面對生活，他們見招拆招，愈挫愈勇，他們不會只是兩手一攤坐著抱怨，而會集眾人之力將不公不義轉變成新的可能性。對於這些人，我稱他們是「社會詩人」。在他們為了改革而進行動員時，在他們對尊嚴的尋覓中，我看見的是道德能量的湧現，是公民熱情的積累，而兩樣東西都完全能用來振興我們的民主，導正我們的經濟發展方向。

邊緣，也正是教會的發祥地。教會就誕生在以十字架為中心、躺著許多被釘死之人的邊緣。教會若是不認那些窮人，她就不再是耶穌的教會了；她將經不起誘惑墜回那個古老的陷阱，化身為道德或智識上的菁英。與窮苦者形同陌路的教會，將不再是教會，而將變成兩個字：醜聞。哪條路能通往地理與存在意義上的邊緣，哪條路就是「道成人身」之路：歷史上，天主也挑選了邊緣作為祂——透過耶穌——來顯露救贖之舉的地點。

就是這種理念，帶著我去與庶民運動並肩同行。世界民間運動大會（World Meeting of Popular Movements, WMPM）分別於二〇一四與二〇一六年於梵諦岡召開，二〇一五年則在玻利維亞的聖塔克魯茲（Santa Cruz），而我藉這些場合，對全球逾百位民間運動領袖發表了演說，也藉機與他們對話。這些世界大會所關注的焦點，是如何讓人獲得他們需要的土地、居所、勞動，也就是我們在西班牙文裡所說的三個T：*tierra*，*techo*與*trabajo*[17]。

我在疫情封城期間致函民間運動的各領導人，表達了我與他們同在的心意，也幫他們加油打氣。我知道他們不僅被屏除在許多工作機會以外，而且由於他們的職場算是地下經濟，所以平時可以保障公民工作權與生計的政府法規，也對他們鞭長莫及。我形容他們是在這場對疫情的戰爭中，處於前線的一支「隱形軍隊」，不眠不休為了家庭、鄰里與公益而奮戰的他們僅有的武器，是團結、希望，外加一股社群意識[18]。

我要特此澄清：這並不是教會在出手「組織」民眾。這些民間運動都是原本就已存在的組織——他們有些是基督徒，也有些不是。我會希望教會面對這些運動或組織，把門敞得更開；我希望世上的每個教區都能與這些民間運動合作，一如某些教區已經在這麼做。惟我的角色與教會的角色，是作為同行的陪伴者，而不是作為家父長。也就是我們會提供輔導與指引，但絕不會強行拿著教條要他們接受控制。教會是閃著福音之光的燈塔，我們會希望用光明去喚醒民眾看見自己該有的尊嚴，但要依循直覺去把自己組織起來，必須由民眾自動自發。

我會如此篤信民間運動有股偉大的創造力，源自於我在布宜諾斯艾利斯總主

17 【作者註】Or in Latin: *Terra, Domus, Labor*. See Guzmán Carriquiry Lecour and Gianni La Bella, *La irrupción de los movimientos populares: "Rerum Novarum" de nuesto tiempo*, preface by Pope Francis (Libreria Editrice Vaticana, 2019).

18 【作者註】"To an Invisible Army. Letter to the Popular Movements, April 12, 2020," in Pope Francis, *Life After the Pandemic*, preface by Cardinal Michael Czerny SJ (Libreria Editrice Vaticana, 2020), pp. 35–40.

教任內的經歷。在我得知有個組織在努力解放人口販運等各種現代版奴隸制度的受害者之後，我就開始每年七月在憲法廣場[19]舉辦一場大型的室外彌撒，專門用來獻給那些在社會邊緣受到剝削的民眾。時間久了，這場彌撒變成了一個聚集地，數以千計的民眾會前來祈禱，請天主賜予他們需要的各種事物。

我感覺得到善靈就存在那虔心祈禱的群眾裡。我說「群眾」，指的不是一大群面目模糊的集合體，也不是某個代表窮人思考與發言的組織，而是從四面八方前來，一起為了他們兒女的苦難而禱告的天父子民。這批共同在禱告的群眾，提醒了這座城市一件他們已經不再哀悼的事實：犯罪的正常化，還有許許多多人所經歷的磨難。在那支群眾裡帶頭的聲音，是聖靈尋求更新預言的聲音，那是一股我們作為教會永遠無法令其噤默的聲音。

教會的任務不是把每一項民眾的行動都組織起來，而是透過鼓勵、偕行與扶持去陪伴扮演這些角色的民眾。教會的這種定位迥異於各種菁英的思維——他們「一切都是為了民眾，但絕不加入民眾」——他們眼中的民眾沒有面容，而且腦袋空空。

但這絕非事實。民眾完全知道自己想要什麼，需要什麼，他們身懷這樣的直覺。

在憲法廣場上，我遇到一群民眾，而這群民眾提醒了我那群追隨過天主的群眾：那群會留下來聽耶穌說話，一聽就是幾小時，直到夕陽西下，還不知該如何是好的普通人。這群追隨耶穌之人，並不是被某個如簧之舌迷惑的烏合之眾，而是一群身負歷史、希望，並且有承諾要守護的族人。

這群人始終把那項承諾放在心中：那是一道不論經歷再多苦難，都會帶著他們朝想望之物而去的邀請。耶穌的傳道，在他們內心喚醒了那藏於五臟六腑，也藏於血液流淌中的古老諾言：那是一種代代相傳、知道天主與他們同在的意識，

19 Plaza Constitución

也是一種要他們牢記自身尊嚴的意識。透過祂的言談、祂的觸摸與祂的療癒，耶穌讓他們感受到了天主的同在，也讓他們知道了自己的意識屬實。祂為他們開啟了一道通往未來的希望之路，一條不光是政治上的解放之路：那條路通往的是人類的解放，而那種解放會授予他們唯有天主才能授予我們的尊嚴。

所以他們才願意追隨耶穌。他給了他們尊嚴。在耶穌與被逮到姦淫的女子獨處那一幕令人動容的場景中，在指控她之人一一離去後，耶穌以膏油賦予了她尊嚴，並且告訴她：「去罷！從今以後，不要再犯罪了。」（〈若望福音〉八章十一節[20]）。對耶穌來說，每個人都有能力懷抱尊嚴與價值。耶穌回復了每一個個人與每一支民族的真正價值，因為他能看到從天主眼中望見的一切：「天主看了認為好。」（〈創世紀〉一章十節[21]）

為了做到這點，耶穌必須棄絕當時宗教菁英的心態，須知那些菁英已經一手掌握了律法與傳統。他們將宗教的內涵占為己有，是為了自命為人上人，藉此他們將能把那些與他們不同之人踩在腳下，恣意檢查與審判。穿梭在稅吏與「有著汙名之女性」之間，耶穌成功將宗教從菁英的禁錮中拯救出來，也從特權家庭特殊知識的禁錮中拯救出來，而他這麼做，為的是讓每一個人與每一種處境，都可以獲得「與天主交往的能力」（*capax Dei*）。透過與窮人走在一起，與被放逐者、邊緣人走在一起，他擊倒了那面阻擋了天主的牆壁，讓天主得以走進祂的子民，走進祂的羊群。

在讓窮人與罪人看見天主與他們同在的過程中，耶穌也同時控訴著那些合理化自身行為、無視於周遭動態的心態。耶穌指控這些心態會在其最墮落的時候使用種族歧視的字眼，去貶抑特定的非我族類。這類心態會令人將移民抹黑成一種威脅，並築起一道牆方便他們高高在上，也方便他們排他。

看著民眾聚集在憲法廣場上，我看到的是一群追隨耶穌之人：他們有尊嚴、

20　11她說：「主！沒有人。」耶穌向她說：「我也不定你的罪；去罷！從今以後，不要再犯罪了！」

21　10天主稱旱地為「陸地」，稱水會合處為「海洋」。天主看了認為好。

有組織。他們身上散發出的，是與他們同在的天主所彰顯的尊嚴。

他們之間有一支名為「卡頓納拉」（*Cartonero*）的社會運動，作為其成員的男性成年人與少年會在夜間街上搜集紙板等資源，然後賣給回收業者。卡頓納拉的出現，得回溯至阿根廷從二〇〇一到二〇〇二年的經濟崩潰。你不時可以在路上看見這些人拖著巨大袋子，裡頭裝滿了他們從街上找到的可回收品。我記得某天晚上，我看見一輛推車被乍看之下是匹馬的東西拉著，但湊近一瞧，我發現那不是馬，而是兩名不滿十二歲的少年。由於市政府明令禁止獸力車輛，所以很顯然那兩個孩子連馬都不如。

時間久了，數以萬計的卡頓納拉帶著他們的尊嚴組織了起來，確保了他們得到報酬與保護的權利。你可能會想：那不是職業工會該做的事嗎？正常狀況下，職業工會會照顧正式獲得雇用的員工，包括保證他們的工作權，確保他們有良好的工作條件。但很遺憾的是，今天少有工會會照顧職場上的邊緣人。很多工會根本距離社會邊緣非常之遠。

在知道了卡頓納拉的存在後，我選了一夜加入他們巡街。我換上與常人無異的便服，胸前也沒有掛上十字架；只有卡頓納拉的幾位領導知道我是誰。我目睹了他們工作的過程，他們如何靠著城市的剩飯維生，如何回收著被社會丟棄的垃圾。我還看到了部分社會菁英是如何也把他們看成廚餘。趁夜跟他們一起在城市中四處轉移，讓我看到了他們眼中的城市街景，也讓我體驗到了他們感受到的冷峻，以及那種冷峻如何變質成斯文有禮的沉默暴力。

我看到了拋棄文化的真面目。但我也看到了屬於卡頓納拉成員的尊嚴：他們為了養家活口是多麼努力不懈，他們作為一個社群是如何地合作無間。在組織起來的過程中，他們展開了自創的一種皈依。他們回收再利用了自己的生命，並順勢改變了阿根廷人看待廢棄物的眼光，讓阿根廷認知到循環利用的價值所在。

我並不想神化卡頓納拉：他們內部有爭執，也有衝突，也有人會想占別人便宜，就跟大社會裡的各個層級一樣。但觸動我的，是他們的團結一致與相互扶持：任何一名成員遇到困難，他們都會集眾人之力來照顧其家人。卡頓納拉示範了邊緣人能如何組織起來求取生存，也是尊嚴作為民間運動正字標記的榜樣。

當被放逐之人不為意識形態，而為了家庭，為了獲取三個L——土地、居所、勞動——與其所對應的尊嚴，決定組織起來時，我們就可以說那是一個標誌、一宗承諾，也是一項預言。那就是何以身為教宗，我會帶著鼓勵的態度與全世界的民間運動走在一起，就像我曾經在二〇一七年二月由美國主教會議[22]與社群營造組織網PICO在加州莫德斯托（Modesto）舉辦的一場會議上，透過演說表達這樣的立場。

在每一場會議上，我所傳遞出的訊息都是想扭轉現行社會上的去人性化逆流，我們必須依靠民間運動的參與。他們是新文化的播種者，也是我們所需變革的推動者。我們需要的改革是這三點：讓經濟重回為人民服務的正軌、讓和平與公義得以重建、讓地球母親獲得捍衛。

邊緣健康了，一個社會就健康了。邊緣被拋棄、被放逐、被看扁、被忽略了，這個不穩定也不健康的社會就不可能不靠大刀闊斧的改革長久延續下去。但我也想再次引用賀德林的話：「危險所在之處，也生長著救贖的力量。」人的尊嚴要獲得重建，我們必須寄希望於各種邊緣，而我說的除了貧窮與需求的邊緣，也包括宗教迫害、意識形態與其他各種有形無形暴力所創造出的邊緣。只要我們能對著這些邊緣、也對著民眾組織將胸懷敞開，改變的能量就會被釋放出來。

擁抱邊緣，就等於在擴大我們的地平線，因為站在社會的邊緣，我們的視野會變得更加清晰而全面。我們必須從鄰里中找回那些隱藏的智慧，而基層民眾的運動正好能替我們指出一條明路。覺得民間運動小家子氣、走不出地方格局，那你就錯了；那就代表你沒看到他們的生命力與對我們的啟發。他們有潛力可以為人類社會注入生氣，須知那股生氣正將他們從今日在弱化他們的環境中拯救出來。

在梵諦岡等地所舉辦的那幾場民間運動會議，讓我們得以建構出一份改革的

22　U.S. bishops' conference

議程，而那其實是一份他們已經花費許多時間在開發的計畫。他們所主張的，是一種排斥消費主義，一種希望找回生命價值、找回團結，也找回對自然的尊重，並將這三者視為基本價值觀的生活風格。這種生活風格會堅持追求「活得好」與「好生活」的喜悅，並藉此來抽換那種自以為是而志得意滿的所謂「幸福」，須知市場只當那是一種商品在向我們兜售，而那最終也只會讓我們陷入孤絕，讓我們被圈禁在只有自己的小小世界中。

他們的種種呼籲包括有尊嚴的工作與居所，包括小農要有土地耕作，包括都市生活作為一個整體，必須要把貧困社區整合進來，包括對女性的歧視與暴力必須加以遏止，包括各種形式的奴役必須畫下句點，包括讓戰火、組織犯罪與壓迫成為歷史，包括支撐民主制度下的言論與通訊自由，也包括確保科技的進步能造福民眾。

而想要讓這一切願景成真，我們就必須讓改變在一個個社區裡發生，而要讓改變在一個個社區裡發生，我們就必須讓所有人團結在具體的行動中，完成從看見、揀選到實踐的流程——我們要察覺需求、明辨該往哪個方向走，然後建立起共識來採取行動。

我們面前必然會出現想讓我們分心的誘惑：我們會忍不住咀嚼著無力感與怒火，我們會陷於衝突與委屈中走不出來，我們會專注在口號與抽象的概念中，而忘卻了就地能採取的具體行動。而且我們萬不可過於天真爛漫：腐敗的危險永遠不曾離開。也正因為如此，我們必須在投身民間運動的事業、成為其特有風格的一員前，做好虛懷若谷且自律甚嚴的心理準備；你要明白這條路走下去是粗茶淡飯而不是升官發財。所以如果你出入要名車代步，錦衣玉食統統不可少的話，請你離民間運動和政治圈（還有神學院，拜託）遠一點吧。清醒謙卑並投身於服務的生活方式，會遠比社群網路上的數千個追蹤者要更有價值。

我們最大的力量，不在於別人對我們的前呼後擁或表面的尊重，而在於我們能夠提供的服務。我們為了他人所做出的一舉一動，都是在奠定基礎。有了這樣的基礎，我們便能回復各民族與社區的尊嚴，並讓我們在療癒、照顧與分享的工作上更加得心應手。雖說這些行動需要每一個人參與其中，但政商領袖能揮灑的空間確實很多。他們可以在迫在眉睫的工作中扮演推手，而最急迫的莫過於他們所屬民眾的需求。

為了對這更美好的未來有一個清晰的願景，我們可以拿民間運動所推行的三個L來輔助我們思考。只要我們念茲在茲的是讓所有人都享有土地、合宜的居所與工作，並秉持著這樣的目標去行動，那我們就能建立起一個良性循環，進而慢慢讓人性尊嚴朝向各民族重返。

土地

我們是屬地的生命，地球是我們的母親，我們不能只靠著她的犧牲而存活下去；我們與她之間必須要是一種互惠的關係。我們如今需要的是一個大赦，一段讓擁有的比需要的多太多的人，去減少消費的時間，讓這段時間成為地球可以休養生息的時間，也成為被排擠之人能在社會上重新歸隊的時間。COVID-19疫情與經濟危機，提供了我們機會去反省、去檢視我們的生活方式，看需不需要去改正一些破壞性的積習，並尋求在生產、貿易與運輸貨品的作法上變得更加永續。

我們也可以開始在社會的各個層級上實施一種生態皈依，至於具體作法我曾在通諭《願祢受讚頌》中提及：朝再生能源靠近，與化石燃料遠離；尊重並落實生物多樣性；保證人人有潔淨的水源供應；採行更為節制的生活方式；改變我們的價值觀，調整我們對於何謂進步與成功的認知，不要片刻稍忘企業對於環境的摧殘。

作為一個地球村，我們必須負責地以二〇三〇年為目標，達成聯合國提出的各種永續發展目標。讓我們善用前方的歲月去操持一種更具整體性的生態學，讓環境再生成為每個層級的我們在形塑決策時重要的指導原則。

這意味著我們要用力去正視人類工業對於自然環境的衝擊，還有大規模農業如何影響小農的生計。我們必須釋出更多土地給小農，讓他們以有機而永續的農法去生產在地所需的食物。我們的農場不能光是悶著頭生產食糧，我們的農業還必須兼顧土壤的健康與生態的多樣。

地球上的財貨與資源，應由全人類共享。新鮮的空氣、乾淨的用水，還有均衡的營養，關係到人類所有民族的福祉與健康。且讓我們把地球的再造與地球資源的普世共享當作是最核心的目標，為後疫情時代打造一個美好的未來。

居所

居所顧名思義，指的是我們的家，但放大格局，居所也可以指的是我們人類的棲息地。

隨著全球都市化程度不斷攀高，都會區的情形成為人類文明的未來所繫。若想真正意識到我們身為一個民族的自尊心，我們就絕對不能讓自己身陷在沒有靈魂、也沒有歷史可言的市中心。而一說起大規模的都市蔓延[23]，我們就難以侈言什麼共同的歸屬感與責任心，因為都會區的外溢與氾濫，只會讓人彼此叫不出名字，只會衍生出疏離、寂寥與一種宛若孤兒般的感受。都市環境的衰敗，象徵著一種文化的耗竭。試問當周遭變得混雜紛亂、支離破碎，且充斥著噪音與醜陋，我們如何能展露笑顏，又如何能把尊嚴二字掛在嘴邊。

想要恢復民眾的尊嚴，我們就得照顧好自己的*oikos*，也就是我們共有的家園。要為都會環境賦予人性，我們面前可謂百廢待舉：我們得去創造、去倡導、去照料都市裡的公共區域與綠色空間；我們得確保所有人都能進駐符合尊嚴與永續原則、且對家庭住戶友善的住宅；我們得去發展鄰里社區，打造優質的大眾運輸，藉此一方面減少汙染與噪音，一方面讓人依舊能快速且安全地優游於城市裡。我們必須讓城市的周邊地帶感受到尊嚴，透過各種社會政策去承認並看重他們對都市文化的潛在貢獻，將他們整合為城市的一環。以這種方式去改造城市，我們的收穫會包括社會與文化的財富，而這些無形的財富又能鼓勵民眾，讓他們

23 Urban sprawl，都市學概念，意指在都市化過程中，都會人口向外擴散，沿都市邊緣進入郊區並形成低密度、功能單一且高度依賴汽車的社區。

願意去關心環境、照顧環境。

惟這種種的努力，都必須由在地代表從他們的文化內部去發動、去領頭。國家當然可以從旁協助，但對於在地組織與民眾之聲音與行動，政府必須時時抱持一份尊重。我們努力的目標，必須是讓由歸屬感與團結心所凝聚出的網絡能開花結果，而要達到這個目標，我們必須一方面讓社群與友愛的羈絆得以回復，一方面爭取讓扎根於社區的體系跟民眾運動攜手。只要各方組織能夠跨越信仰與族裔的邊界進行合作，共同為了大家的社群去追求具體成果，那麼我們就可以說：各民族都已找回了靈魂而不再失落。

勞動

天主給了我們土地去耕耘、去保有。而工作，是我們維繫尊嚴與福祉的基本條件。勞動，不是屬於受雇勞工或者雇主的特權，而是世間所有男男女女的權利與職責。

萬一有一天，世間的年輕人有四到五成無法順利就業，那會是一個什麼樣的明天？事實上，如今在某些國家，這種失業率已經是正在發生的事情。人難免有困難的時候需要扶助，但不該有人沒了社會福利就過不下去。他們需要透過勞動去賺取有尊嚴的生活，這首先當然是為了養家活口，讓自我有所發展，但進一步也是為了貢獻他們的周遭環境與社群，使地方更加富足。工作是天主賜給我們、讓我們能夠對祂的創造行動有所貢獻的稟賦。在工作當中，我們也能幫著天主去形塑萬物。

這就是為什麼作為一個社會，我們得確保勞動或工作不只是收入的來源，而必須也是一種自我表達、參與社會、貢獻公益的途徑。因此，充分就業必須是一個國家的施政核心。

商界的許多用字，都在暗示經濟活動中眾多有待我們去恢復的友愛本質：如公司的英文叫作company，其本意就是「麵包的分享」，而企業的另外一個英文corporation，則指的是「身體的整合」。從商不該只是為了牟私利，而應該要去服務公益。公益的英文叫作common good，而其中「公」——common——的拉丁文字源是*cum-munus*：拆開來看*cum*指的是「一起」，而*munus*則具有「作為贈禮或出於責任感所提供的服務」之含義。我們的工作兼具了為己與為人的面向。工作既是個人成長的泉源，也是恢復眾人尊嚴的關鍵。

太多時候我們把事情弄顛倒了：雖然能創造價值，但勞工卻被視為企業中最好替換的消耗品，反倒是部分唯利是圖的股東可以呼風喚雨。同時我們對於工作價值的定義也太過狹隘。我們必須了解，照顧親戚或擔任全職母親不是一種社會服務。只因為沒有薪水可領就認為這些付出不是工作，已經是過時的觀念。

讓無償工作的社會價值獲得承認，是我們在後疫情時代一個很重要的新思維。這就是為什麼我認為我們應該趁現在去研擬「無條件基本所得」（或稱「負所得稅」）等概念：透過稅制，讓全體公民獲得一視同仁的基本收入。

無條件基本所得的制度一旦建立，我們將可以重塑就業市場中的勞資關係，讓勞工得以有條件拒絕被不合理的勞動條件困住。民眾將因此獲得基本的安全感，不用再把社會福利的汙名往身上擔，還可以更輕鬆地在科技掛帥的勞動模式中，進行如今日益頻繁的工作轉換。最後，像無條件基本所得這樣的政策，還有助於民眾在業餘多去服務人群、回饋社區。

同理，我們或許也可以開始思考調整薪資並減少工時，因為那反而可以讓生產力獲得提升。透過減少人均工時的方式讓勞動市場容納更多的勞工，也是我們必須迫切去思考的一個方向。

如果讓窮人融入社會與照顧好周遭環境能變成我們核心的社會發展目標，那我們便能一面創造出更多工作機會，一面讓生活環境變得更有人性。透過無條件基本所得，我們可以讓人獲得自由，讓他們得以帶著尊嚴去從事社區服務。透過更集約的「樸門永續」[24]農法去培育作物，我們將能再造自然，擴大就業，讓生

24 Permaculture，利用生態、園藝和農業的跨領域知識去設計準自然系統的作法，目的在於仿效自然界的生態系建構出永續性的農業環境。

態更多元，讓生活更愉悅。

這一切，都意味著我們必須建立人類發展的公益目標，並以此來取代惡名昭彰且憑空假想的涓滴體論：經濟成長的汁液會一層一層往下滲流，最終讓所有人雨露均霑。鎖定土地、居所、勞動這三大重點，我們將能與這個世界言歸於好，並讓成長在服務他人的過程中發生。

這能讓我們超越自由主義典範那狹隘的個人主義框架，但又不至於落入民粹主義的陷阱。民主將重新由參與者的關心與智慧中獲得力量。政治將再度成為以服務為手段去表達人間之愛的志業。一旦回復各民族的尊嚴成為後疫情世界的中心目標，我們就能讓每個人的尊嚴成為我們行動的方針。透過具體的行動去確保這世界上的尊嚴能獲得其應得的珍視與敬仰，並不是幻夢一場，而是通往美好未來的行進方向。

結語

你們可能會納悶：說了這麼多，我現在究竟得怎麼做？這個美好未來中的我在什麼位置？我能做些什麼去實現這個未來？

我馬上想到的是兩個概念：「去中心」與「超越」。

檢視一下你身處的中心點在哪兒，然後將自己去中心化。這麼做的目的是推開門窗，然後朝著遠方出發。還記得我一開始說過的，困於相同思想與行動模式中的風險嗎？我們千萬要避免的，就是經不起誘惑，把自己視為世界的中心。

危機會逼著你離開現地，但離開現地不等於往前挺進，更多時候我們是無頭蒼蠅。封城期間，我們很多人會走出獨棟或公寓的家中去採購，或者會為了舒展一下手腳而去街頭巷尾遛遛。然後我們又會回到原本的地方跟原本的模樣，就像觀光客去海邊或山裡度了個假，放鬆了一個禮拜，然後又回到了她原本令人窒息的日常中。她確實移動了，但那只是橫向的移動，最終她還是返回了自己的原點。

相較於觀光客，朝聖者的形象則深得我心，因為朝聖者去除了自我中心，因此獲得了超越的能力。她走出了自我，對著新視野敞開了自我，所以返回家鄉的那個她將不再是原本的她，而她的家鄉也將不再是原本的模樣。

出發去朝聖，此其時矣。

有一種前行，只會讓你愈陷愈深困在自己的殼裡，比方希臘神話裡的忒修斯[1]，就曾進入過那樣的迷宮。

所謂迷宮，並不專指物理世界中那種會讓我們在裡頭鬼打牆的空間；我們也會拿未來當題材，在心靈中打造出一種抽象的迷宮。阿根廷作家波赫士[2]寫過一則短篇〈歧路花園〉[3]，講的是有一篇小說裡有各式各樣的未來與結果，而每一種可能性都會通往另一種可能性，以至於這小說最終不會有真正的結局，只因為各種結局彼此都不相互排斥。那就像一場噩夢，因為你永遠找不到出口。

你想要走出迷宮，可能性只有兩種：要麼往上走，去除中心並超越現狀；要麼就是像忒修斯那樣，讓阿里阿德涅的線團帶你找到出路。

我們所身處的現世，就是一個迷宮，我們每天都在裡頭打轉。有些人庸庸碌碌，為的是不被各種米諾陶洛斯囫圇下肚，有些人則是在花園的歧路裡忽左忽右，永遠沒有盡頭。

會有這個迷宮，可能是因為我們自以為生活可以回歸「常態」。那反映的可能是我們的自我中心、我們的個人主義，反映了我們刻意閉上眼睛，希望生活能回到過去。我們在這過程中忽視的，是以前的日子也沒有多好。

1 Theseus，傳說中的雅典國王，他曾進入克里特國王米諾斯（Minos）的迷宮，想殺死當中名為米諾陶洛斯（Minotaurus），牛頭人身的吃人怪獸。他最終能成功得手並離開迷宮，靠的是米諾斯的女兒阿里阿德涅（Ariadne）愛上了忒修斯，給了他一個線團。

2 Jorge Luis Borges, 1899-1986.

3 The Garden of Forking Paths

在希臘神話中，阿里阿德涅給了忒修斯一綑線團，讓他能藉此找到出路。我們現今領到的線團，是能帶我們跳出迷宮邏輯的創意，這創意可以為我們去除中心，也讓我們獲得超越的能力。相當於阿里阿德涅之贈禮的東西，是聖靈要我們跳出自己的呼喚——也就是卻斯特頓[4]在布朗神父故事中所說的「線頭的抽動」。我們能夠找到出路，能夠做到自己的最好，永遠是因為身邊有個阿里阿德涅在推我們一把。

我們最不希望看到的，就是我們無法向前進，就是我們顧影自憐地看著自己在迷宮中暈頭轉向卻找不到出口。想要突破重圍，我們必須捨棄「自拍文化」，轉頭望向身邊每一雙眼睛、每一張臉孔、每一隻手，還有每一種需求，並在這過程中找到自己的面孔，還有我們充滿了各種可能性的雙手。

一旦我們感受到了「線頭的抽動」，要走出迷宮的辦法就多了。但不論哪一種辦法，其共通點都是我們要意識到我們同屬一段雙向的關係，同屬一個民族，也同屬一種命運。「世界史上最關鍵的轉捩點，很大程度上皆由史書隻字未提的一個個靈魂共同決定，這點無庸置疑。」埃迪特・施泰因（聖十字德蘭・本篤修女）[5]如是寫道。「而只有在一切真相大白的那一天，我們才會知道自己虧欠了哪些靈魂，才有了那些我們個人生命中的轉捩點。」[6]是那些靈魂，替我們拉動了線頭。

去讓自己獲得拉動、振作、挑戰。也許那可以是透過在這本書中看到的內容，也許那可以是透過你在媒體新聞上聽說的某一群人，又或者你家附近就有這樣的一群人感動了你。也或許讓你覺得受到召喚的，是不遠處的老人安養院、難民收容中心，或是生態復育計畫。更有可能某個與你息息相關的人，正在等著你關心。

---

4 G. K. Chesterton (1874-1936)，英國作家暨神學家。熱愛推理且致力推廣與創作推理小說。他筆下最著名的角色是布朗神父，並首開以犯罪心理學推倒案情之先河，與福爾摩斯之物證推理相呼輝映。

5 Edith Stein（Saint Teresa Benedicta of the Cross）

6 【作者註】*Verborgenes Leben und Epiphanie*: GW XI, 145.

若感覺到線頭的抽動，請你停下腳步祈禱。若是基督徒，請你去讀讀福音。簡單一點，你可以在內心闢室傾聽，打開自己……去除自我中心……超越你的環境。

然後行動。打電話也好、親自走一趟也好，總之就是主動去提供服務。你可以老實說自己對某組織所從事的活動概念不多，但你或許可以也幫忙出一分力。你也可以老實說自己想要走出舒適圈，加入另外一個不同的世界，而你心想把他們當成起點應該不錯。

最後我想以一首在封城期間拜讀到的詩來作結。把這詩傳給我的，是我在阿根廷的一個朋友。一開始我不是很確定詩的作者是誰，但最終我查出了這位詩人是美國邁阿密的一名古巴演員兼笑匠。等我聯絡上這位亞歷克斯．瓦德斯[7]之後，他告訴我他這首〈希望〉[8]之詩是一口氣寫出來的，連一個字都沒有改動，感覺就像詩興大發的天主上了他的身。這首詩一夕爆紅，感動了很多讀者——當中也包括我。這首詩在字裡行間勾勒出了我想利用本書傳遞的那條通往美好未來的路徑。最後就讓瓦德斯的詩句之美，為本書畫下一個完美的句點，也提醒我們勿忘去除中心，超越環境，好讓我們各民族的所有同胞，都能「獲得更豐富的生命」（〈若望福音〉十章十節）[9]。

希望

當風暴已過
而道路已馴
我們是船難
倖存的一群

---

7 Alexis Valdés

8 Esperanza

9 10賊來，無非是為偷竊、殺害、毀滅；我來，卻是為叫他們獲得生命，且獲得更豐富的生命。

流著淚的心
蒙了福的運
尚能存一息
我們實歡欣

陌生的臉孔
擁其入懷中
自詡何其幸
友人長左右

我們將牢記
所有的失去
曾經無所悉
今謹記於心

無人可羨嫉
歷劫同一體

從此齊奮起
內心復悲憫

眾益更珍惜
眼中無己利
付出更大器
行事有決心

世人皆知理
生命易凋零
生者須同理
逝者宜追憶

市集一老翁
無名常需索
曾經伴左右
今失其所蹤

焉知那老翁
天主扮其容
未曾詢其名
皆因不得空

萬事皆神蹟
萬物皆贈禮
生命為我取
心中存敬意

待風暴過去
愧向天主請
使我更勝昔
合祢夢中意[10]

10 【作者註】Alexis Valdés, "Esperanza"（2020）. 為了本書而進行的英譯由América Valdés、Nilo Cruz與Alexis Valdés提供。

後記

奧斯丁・艾夫賴格（Austen Ivereigh）

本書誕生於封城期間，更精確地說是誕生在教宗方濟各出現在聖伯多祿廣場上，像一名風暴中之機長在導引人類通過深邃黑夜的那個瞬間。二〇二〇年三月二十七日，也就是在只看得到空蕩教堂與荒蕪街道、令人惶惶不安的復活節[1]前兩週，教宗於黯淡、飄雨且無人在場的廣場上，發表了不在

1 二〇二〇年的復活節落在四月十二日。在這一天，基督徒會紀念耶穌在被釘死後的第三天復活，日期一般定在每年過了春分，第一個滿月後的第一個主日。春分是春天的中點，大致落在每年的三月二十一日。

例行的行程中、但使人振聾發聵的《致全城與全球》[2]文告。在這段千百萬人透過電視與平板觀看的談話中，教宗方濟各清楚地說明了這世界面對的，是一個轉捩點，是一次試煉的時分。我們既可能從這樣的考驗中向上提升，也可能狠狠地向下沉淪。

不久之後，教宗在復活節前夕的一場精采訪談中，與我談到了他認為這場危機中存在哪些誘惑、阻礙與機會。一如我熟悉的方濟各，他想法中的各種靈光乍現都讓我欲罷不能，讓我想要知道得更多。而就在復活節過後，消息就傳出了：方濟各任命了一支梵諦岡委員會，就後疫情時代的未來，廣徵全球專家的意見。教宗給這委員會的任務是「替未來做準備」：他眼中的教會，不應只是被動地對即將到來的事情進行反應，而更應該主動去形塑這個將至的未來。表面上「封城中的教宗」與群眾被切割開，看起來十分無助。但那些在他身邊的人所告訴我的，卻完全不是這麼回事：眼前的一切讓他充滿鬥志，因為他覺得當下這個瞬間是一個門檻，是一道關卡，而魑魅魍魎就在其表面之下蠢蠢欲動。

我抓緊這個機會，建議他寫一本書。書頁間將有空間供他發展他的思緒，而成書的出版更能讓他梳理完整的思緒觸及更廣大的公眾。很神奇地，他答應了，但他也把話說得很清楚：我不能光丟幾個問題就要他寫本書，他需要我更多的投入。只要聽聽他在封城期間，從教宗府邸進行廣播的日常講道，你就會知道他有很多真知灼見，而問與答的形式將有所欠缺。

在對危機的回應上，方濟各搬出的不光是診斷與處方。他念茲在茲的還包括轉變本身是怎樣的過程：歷史的改變是怎麼發生的、我們對那改變過程是如何去抗拒或擁抱——皈依是一種怎樣的行動。我從研究其生平的過程裡得知，這是他各種天賦中，在故鄉阿根廷擔任數十年神職幹部所歷練出的特有個人魅力，而如今貴為教宗，他也善用了這股魅力來與全人類走在一起。方濟各，我們可以說他是世界級的精神導師，而如今這世界走入了黑夜，他也與我們並肩同行，舉著火

2　Urbi et Orbi，復活節當天會有例行的致全城與全球文告，提前兩週的這次文告屬於臨時性質。

炬為我們照亮前路，警告我們不要墜入萬丈深淵。他想要讓我們了解的一項急迫性在於，世人要敞開心胸去接受那每當苦難降臨世間，其要或不要都在我們一念之間的恩典；接受了這恩典，我們就能讓天主來形塑我們的故事情節。

對於本書，我建議採取三段式的論述，以此來呼應皈依的過程。「看見—揀選—實踐」的三段論，常見於拉丁美洲教會對於世事詭譎的應變。方濟各曾將之改組為「思索—辨識—提議」，但這本質上是一樣的東西。首先，我們要面對現實，不論那現實多麼刺眼，我們都要真切地看見有多少人在社會邊緣受苦。再者，我們要明辨眼前有哪些力量在同時作用著，區分出哪些是建設之力，哪些是毀滅之力，哪些在增添人性，哪些在去除人性，然後從中選出歸屬天主者，排拒與天主作對者。最終，我們要根據被診斷出的弊病還有我們可以如何改弦易轍，提出嶄新的思維與具體的步驟。以上就是構成本書骨架的基本三段論：去看見、去揀選、去實踐。

在二〇二〇年六到八月與方濟各交流的期間，我另外請他深入談論了兩個相關的話題，分別是「團結行動」這個在各方面都堪稱他一生職志的追求，還有他擔任高階神職所秉持的核心理念。

這第一個話題，關乎我們如何在張力中凝聚團結，如何集各種差異來讓它們產生建設性，而不是任由它們陷入矛盾對立。這，就是他引入天主教會之眾議程序位於核心的動力；這，也是人類此刻最迫切需要的東西。另外一個話題，則是關於身為天主子民的自我認知所具備的催化效應，乃至於一群人要如何根據這種意識來進行組織。方濟各的信念如書中所示：真正的改變不是來自於天際，而來自於基督生活過的社會邊境。在這股信念的背後，是有「人民神學」[3]之稱的阿根廷教會那富饒的自省傳統。

位於他教宗一職中心的這兩個主題，都遭到了廣泛的誤解，也都是我們想走出這場危機的關鍵。

---

3 Theology of the People

我們一開始的作法是由我問問題，並錄下他的回應，如此得到的結果就是本書的第一部。但隨著書稿的發展，我們的互動愈來愈朝著「師徒合作」的模式靠攏：他會寄參考資料跟期刊文章給我，會提供建言，還會給我一些可資發展的靈感。本書就是從這些互動交流的土壤中，生出了有著獨立生命的初稿，至於後續由方濟各進行的修改與建議，則為我們衍生出兩個版本：一個是以我的母語寫成的英文版本，另一個則是以教宗的母語寫成的西班牙文版本，前者固然自然流暢，但後者更有教宗用上了他習慣的遣詞用字和口氣，肯定會讓布宜諾斯艾利斯的民眾覺得親切莫名。我們完成本書的同時，適值方濟各恢復了他的會見行程，而民眾也開始重返聖伯多祿廣場。這代表危機進入了新的階段，而那將是個比封城更加複雜的時代。

在最終錄音中給我的臨別贈言裡，方濟各聽來充滿了活力、熱情且不失幽默風趣。但我終能感覺到他在這非常時期繃得多緊：他一方面對民眾之苦有所體恤，一方面深知事態的緊急。惟他總是慈眉善目，總是為人打氣加油，並持續深刻地參與導正世界，希望能帶領我們抵達終點線。他的信任與託付我將永銘於心。

我還想一併感謝迪亞哥·法雷斯（Diego Fares）與奧古斯托·贊皮尼·戴維斯（Augusto Zampini-Davies）兩位神父的支持與貢獻，感謝在羅馬的茱莉亞·托雷斯（Julia Torres）與在蒙特維多[4]的瑪麗亞·嘉利—泰拉（María Galli-Terra）協助西班牙文版本的同步對照，還要感謝亞歷克斯·瓦德斯讓我使用他的詩。我欠伊蒙·多蘭（Eamon Dolan）在西蒙與舒斯特出版（Simon & Schuster）社內的團隊一份情，是他們在出版業如此困頓的時候拔刀相助，本書才得以如此快速地成書。我要一如往常感謝史提芬·魯賓（Stephen Rubin）這名不只是發行人的發行人，感謝比爾·貝瑞（Bill Barry）這名不只是版權經紀人的版權經紀人，感謝妻子琳達（Linda）對我的耐心體諒與無私支持，還要感謝解結聖母瑪利亞[5]在我

4 Montevideo，烏拉圭首都。
5 Virgin Mary, Untier of Knots，禮敬聖母瑪利亞的稱號。

最需要的時候，扶了我一把。

為了貫徹本書中對萬物保育的呼籲，兩位作者將以行動去抵銷本書在美國首刷精裝造成的二氧化碳排放。透過中介碳排放交易的「自然資本夥伴」公司（Natural Capital Partners），他們自瓜地馬拉一項濾水與爐具改善計畫購得了碳補償的額度。該計畫藉由避免伐林而減低了碳排放，並對聯合國共計十項永續發展目標（Sustainable Development Goals）做出了貢獻。

FOR2 48

讓我們勇敢夢想

疫情危機中創造美好未來

Let Us Dream : The Path to a Better Future

作者　教宗方濟各（Pope Francis）　奧斯丁・艾夫賴格（Austen Ivereigh）
譯者　鄭煥昇
責任編輯　江灝　封面設計　何萍萍　林育鋒
校對　呂佳真　排版　李秀菊

出版　英屬蓋曼群島商網路與書股份有限公司臺灣分公司
發行　大塊文化出版股份有限公司
臺北市10550南京東路四段25號11樓
www.locuspublishing.com
TEL: (02)8712-3898　FAX: (02)8712-3897
讀者服務專線：0800-006689
郵撥帳號：18955675　戶名：大塊文化出版股份有限公司
法律顧問：董安丹律師、顧慕堯律師

總經銷　大和書報圖書股份有限公司
新北市24890新莊區五工五路2號
TEL: (02)8990-2588　FAX: (02)2290-1658
製版　中原造像股份有限公司

初版一刷：2021年7月
初版二刷：2021年8月
定價：新臺幣350元
ISBN：978-986-06615-2-1

Printed in Taiwan

國家圖書館出版品預行編目(CIP)資料

讓我們勇敢夢想：疫情危機中創造美好未來／教宗方濟各（Pope Francis）、奧斯丁．艾夫賴格（Austen Ivereigh）著；鄭煥昇譯. -- 初版. -- 臺北市：英屬蓋曼群島商網路與書股份有限公司臺灣分公司出版：大塊文化出版股份有限公司發行, 2021.07

面；　公分. --（For2 ; 48）

譯自：Let Us Dream : The Path to a Better Future

ISBN 978-986-06615-2-1（平裝）

1. 宗教社會學　2. 天主教

210.15　　　　110009277